AF751539

ANSIOSAMENTE ADJUNTO

Conquiste el miedo al abandono, construya una confianza inquebrantable, aprenda a fomentar conexiones profundas y significativas y cree las relaciones duraderas que desea

CLARA HARMON

Copyright 2025 - Todos los derechos reservados.

El contenido de este libro no puede ser reproducido, duplicado ni transmitido sin permiso directo por escrito del autor o del editor.

Bajo ninguna circunstancia se podrá culpar o responsabilizar legalmente a la editorial, o al autor, por cualquier daño, reparación o pérdida monetaria debida a la información contenida en este libro, ya sea directa o indirectamente.

Aviso legal:

Este libro está protegido por derechos de autor. Es sólo para uso personal. No puede modificar, distribuir, vender, utilizar, citar o parafrasear ninguna parte ni el contenido de este libro sin el consentimiento del autor o del editor.

Aviso de exención de responsabilidad:

Tenga en cuenta que la información contenida en este documento sólo tiene fines educativos y de entretenimiento. Se ha hecho todo lo posible por presentar una información exacta, actualizada, fiable y completa. No se declaran ni se implican garantías de ningún tipo. Los lectores reconocen que el autor no se dedica a prestar asesoramiento jurídico, financiero, médico o profesional. El contenido de este libro procede de diversas fuentes. Consulte a un profesional autorizado antes de poner en práctica las técnicas descritas en este libro.

Al leer este documento, el lector acepta que bajo ninguna circunstancia el autor es responsable de cualquier pérdida, directa o indirecta, que se produzca como resultado del uso de la información contenida en este documento, incluyendo, pero no limitado a, errores, omisiones o inexactitudes.

Contenido

Introducción

Bienvenido.

Si tienes este libro en tus manos, lo más probable es que las relaciones no siempre hayan sido fáciles para ti. Tal vez hayas sentido que tu vida es una montaña rusa emocional, preocupándote por si tu pareja se preocupa de verdad, analizando en exceso cada interacción y temiendo que las cosas se desmoronen en cualquier momento. Por favor, sepa que no está solo; estos sentimientos son reales, e independientemente de cómo este libro llegue a sus manos, me alegro de que esté aquí.

Este libro es tu guía para entender por qué te sientes y actúas como lo haces y, lo que es más importante, cómo liberarte de los patrones que te frenan. Juntos exploraremos las raíces del apego ansioso y su impacto en tus relaciones, a la vez que descubriremos herramientas prácticas para crear conexiones más sanas y seguras.

¿Qué hace diferente a este libro? Es personal e interactivo. Encontrarás cuestionarios que te ayudarán a entenderte mejor, diarios para profundizar en tus emociones y afirmaciones para aumentar tu confianza. También exploraremos ejercicios como el trabajo con la respiración y técnicas de conexión a tierra para ayudarte a controlar la ansiedad en el momento y mucho más.

A lo largo de estas páginas, profundizaremos en:

- **La teoría del apego** y cómo determina sus relaciones.
- Reconocer y abordar **las conductas de apego ansioso**.
- Estrategias para la **regulación emocional**, el desarrollo de la resiliencia y la curación de traumas pasados.
- **Establecer límites** y comunicar sus necesidades con eficacia.
- **Construir vínculos seguros**, incluso cuando parece un reto.
- **Manejar las relaciones** con parejas que tienen estilos de apego diferentes.

Y como el crecimiento no se produce de la noche a la mañana, terminaremos centrándonos en el desarrollo personal a largo plazo para apoyar tu viaje continuo.

Un cuaderno de ejercicios adicional consolida lo aprendido. Este valioso recurso está disponible siempre que necesite refrescar sus conocimientos o continuar su crecimiento.

Este libro es para ti si estás listo para dejar de permitir que la ansiedad domine tus relaciones y empezar a crear conexiones significativas y seguras con las personas que más te importan. Tienes el poder para transformar tu estilo de apego, sanar del pasado y construir relaciones arraigadas en la confianza y el amor.

Empecemos juntos este viaje. Con cada capítulo, descubriremos las herramientas que necesitas para entenderte a ti mismo, aceptar tu valía y construir las conexiones profundas que mereces. Este es tu momento. Demos el primer paso.

Como un sincero agradecimiento por su compra, le obsequiamos el cuaderno de ejercicios complementario—su guía hacia una mayor autoconciencia, sanación y crecimiento. ¡Simplemente escanee el código QR para acceder a su copia gratuita!

UNO

Introducción

INTRODUCCIÓN A LA TEORÍA DEL APEGO

> *Dime a quién amas y te diré quién eres.*
>
> Houssaye

¿Por qué algunas relaciones nos hacen sentir seguros y protegidos mientras que otras nos dejan ansiosos o distantes? La respuesta está en la teoría del apego. Comprender las fuerzas ocultas que guían nuestros vínculos puede transformar nuestra forma de relacionarnos con los demás y con nosotros mismos. Este capítulo explora la teoría del apego para ayudarte a entender tus patrones relacionales. Es un viaje de reflexión y descubrimiento que pretende iluminar los hilos invisibles que dan forma a tus interacciones. A medida que vayas leyendo, piensa en cómo estas ideas pueden aplicarse a tu vida, a tus relaciones y a tu crecimiento personal.

Los cimientos de la conexión: Explorando la historia del apego

La teoría del apego comenzó con el psicólogo británico John Bowlby en la década de 1960 y se ha convertido en una piedra angular para entender las relaciones humanas. Bowlby propuso que los vínculos emocionales que se forman entre los niños y sus cuidadores son esenciales para la supervivencia. Observó que comportamientos como llorar o aferrarse no eran aleatorios, sino estrategias evolutivas diseñadas para mantener la proximidad a un cuidador, garantizando seguridad y protección. Sus revolucionarios conceptos desafiaron la creencia predominante que daba prioridad a las influencias ambientales sobre el deseo inherente de conexión.

Mary Ainsworth, psicóloga canadiense y colaboradora de Bowlby, amplió su investigación con su influyente estudio de la Situación Extraña. Este estudio observacional clasificó los estilos de apego de los niños en seguro, ansioso-resistente y desdeñoso-evasivo. Su investigación subrayó el papel fundamental de la sensibilidad del cuidador en el fomento de relaciones de apego seguras, ofreciendo una forma práctica de entender los comportamientos que observamos hoy en día en las relaciones. Por ejemplo, la calidez constante de un cuidador puede enseñar a un niño a confiar, mientras que la incoherencia puede sembrar la duda.

Más tarde se identificó un cuarto estilo, el apego desorganizado, que suele estar vinculado a traumas o a cuidados incoherentes. Este estilo refleja comportamientos contradictorios, como la búsqueda de consuelo a la vez que se teme al cuidador. Estas ideas ponen de relieve la complejidad de los comportamientos de apego y muestran cómo los patrones tempranos pueden resonar en la edad adulta.

Perspectivas de la investigación y la naturaleza

Más allá de los estudios humanos, las observaciones de la etología -el estudio del comportamiento animal- han aportado profundos conocimientos sobre la universalidad del apego. Los controvertidos experimentos de Harry Harlow con monos rhesus en los años 50 y 60 demostraron la primacía del confort emocional sobre las necesidades físicas. Los monos bebé, a los que se les daba a elegir entre una "madre" de alambre con comida y una "madre" blanda y cubierta de tela sin comida, elegían sistemáticamente a la segunda, lo que ponía de relieve la necesidad fundamental de seguridad emocional. Aunque controvertidos, los hallazgos de Harlow ponen de relieve que la conexión y el confort son tan vitales como la alimentación para un desarrollo sano.

La teoría del apego en la práctica

La teoría del apego ha evolucionado a lo largo de las décadas, integrando ideas del psicoanálisis, la etología y la psicología moderna. Es un recurso esencial para entender las relaciones adultas y explicar cómo las experiencias tempranas de apego influyen en los comportamientos y emociones a lo largo de la vida. A diferencia de las teorías conductistas, que se centran únicamente en las acciones observables, la teoría del apego profundiza en los vínculos emocionales que impulsan las relaciones.

Los terapeutas suelen utilizar métodos basados en el apego para ayudar a los clientes a examinar y curar las heridas relacionales. Estas estrategias pretenden cultivar relaciones de apego seguras abordando las necesidades insatisfechas de las primeras experiencias de cuidado. En el ámbito educativo, la teoría del apego sirve de base para fomentar vínculos sólidos entre profesores y alumnos, mejorando la salud emocional y el éxito académico.

Una teoría para el mundo actual

La teoría del apego es más pertinente que nunca en el complejo panorama relacional actual. Proporciona un marco para abordar las causas profundas de los desafíos relacionales y ofrece vías para construir conexiones más sanas y satisfactorias. Ya sea en el ámbito del asesoramiento, la educación o el crecimiento personal, la teoría del apego nos recuerda que nuestra necesidad de conexión es fundamental, ya que determina quiénes somos y cómo nos relacionamos con los demás. Reconocer estas influencias puede crear entornos que nutran relaciones seguras y significativas, beneficiando a individuos y comunidades.

El apego desmitificado: Conceptos y definiciones clave

La teoría del apego se basa en conceptos que explican por qué creamos vínculos afectivos y cómo éstos influyen en nuestros comportamientos y relaciones. Para entender mejor los términos utilizados en este libro, debemos empezar por desgranar algunas de las ideas y definiciones clave.

Base segura

Una base segura es la piedra angular de la teoría del apego. En la infancia, se refiere a la comodidad y la estabilidad proporcionadas por un cuidador, lo que permite al niño explorar el mundo con la garantía de un lugar seguro al que volver. Imaginemos a un niño pequeño que se aventura con cautela por el patio de recreo, mirando a menudo hacia atrás para asegurarse de que sus padres están cerca. Ese progenitor representa la base segura, que ofrece la tranquilidad y la seguridad que permiten al niño arriesgarse y crecer.

En la edad adulta, una base segura puede ser una pareja que te anima a asumir riesgos en tu carrera, sabiendo que te apoyará, sea cual sea el resultado. Comprender esta dinámica pone de relieve el impacto duradero de las experiencias tempranas en nuestras relaciones adultas.

Modelos de trabajo interno

Los modelos internos de trabajo son esquemas mentales de la infancia que conforman la forma en que nos vemos a nosotros mismos y a los demás en las relaciones. Por ejemplo, un niño que recibe cuidados constantes y afectuosos desarrolla un modelo interno positivo y se cree merecedor de amor y apoyo. Por el contrario, un niño expuesto a la negligencia o la incoherencia puede interiorizar creencias de indignidad o miedo al abandono.

En la edad adulta, estos modelos influyen en nuestra forma de abordar las relaciones. Los modelos positivos fomentan la confianza y los límites saludables, mientras que los negativos pueden conducir a la inseguridad o a la evitación. Reconocer y remodelar estos marcos es un paso clave hacia unas relaciones más sanas.

Mantenimiento de proximidad

Desde la infancia, los seres humanos están predispuestos a buscar la cercanía con su figura de apego, especialmente en momentos de angustia. Este impulso, conocido como mantenimiento de la proximidad, explica por qué llamamos a nuestros seres queridos en momentos de estrés, buscando la cercanía emocional incluso cuando estamos separados.

Cuando esta necesidad no se satisface -cuando un cuidador no responde o no está disponible-, puede producirse un aumento de la ansiedad o una supresión de las necesidades emocionales como mecanismo de protección. En la edad adulta, esto puede manifestarse como aferramiento en las relaciones o reticencia a confiar en los demás, dependiendo de cómo haya afrontado el niño las necesidades insatisfechas.

Refugio seguro

Un puerto seguro es el refugio emocional que proporciona una figura de apego. Para un niño, puede ser el abrazo tranquilizador de un cuidador tras una experiencia aterradora. El refugio ayuda a regular las emociones y reduce la ansiedad, reforzando el vínculo entre el niño y su cuidador.

Como adultos, un refugio seguro puede ser un amigo que nos escucha después de un día duro o una pareja que nos tranquiliza en momentos de duda. Cuando este refugio emocional está ausente o es incoherente, puede dificultar el desarrollo de la confianza y la vulnerabilidad.

Angustia de separación

La angustia de separación se refiere a la ansiedad o el miedo que se experimenta cuando una figura de apego no está disponible. En los niños, suele manifestarse en forma de llanto o búsqueda cuando uno de los padres sale de la habitación. La ausencia del cuidador altera su sensación de seguridad, desencadenando malestar emocional.

Esta respuesta no desaparece en la edad adulta. Los adultos pueden sentirse incómodos o solos cuando se separan de sus seres queridos, ya sea debido a la distancia física o a la desconexión emocional. Reconocer la angustia de separación ayuda a explicar el dolor de perder la conexión y la necesidad profundamente arraigada de volver a conectar.

Abordar los conceptos erróneos

A menudo se malinterpreta el apego como sinónimo de dependencia. En realidad, un apego sano sienta las bases de la independencia, fomentando la confianza en uno mismo y la resiliencia en lugar de la dependencia. El apego genuino favorece el crecimiento y la exploración, permitiendo a las personas relacionarse con el mundo desde un lugar de seguridad.

Otro error común es la categorización rígida de los estilos de apego. Aunque los estilos de apego -seguro, ansioso, evitativo y desorganizado- ofrecen valiosas perspectivas, no son etiquetas estáticas. El apego es un proceso dinámico, capaz de evolucionar con conciencia y esfuerzo, lo que subraya el potencial de crecimiento y curación, incluso cuando las primeras experiencias de apego no fueron ideales.

Ejercicio de reflexión: Explorar su base segura

Piense en alguien de su vida que haya sido una base segura para usted, una persona que le haya proporcionado estabilidad y consuelo. Reflexiona sobre momentos concretos en los que te sentiste apoyado por esa persona. ¿Cómo influyó su presencia en tus acciones o decisiones? Escribe esos recuerdos, centrándote en los sentimientos de seguridad y confianza que te evocaron.

Pregunta de seguimiento: ¿Cómo puedes trasladar hoy a tus relaciones las cualidades de esta base segura?

Los cuatro estilos de apego: Seguro, Ansioso, Evitativo y Desorganizado

Los estilos de apego actúan como hojas de ruta emocionales que influyen silenciosamente en nuestra forma de relacionarnos. Estos patrones, aunque arraigados en experiencias tempranas, son más evidentes en la edad adulta. Comprenderlos puede ayudarle a reconocer y mejorar su forma de relacionarse con los demás.

Apego Seguro: Confianza y equilibrio

Imagina una relación en la que te sientas seguro para expresarte sin miedo a ser rechazado o juzgado. Este es el sello distintivo del apego seguro. Las personas con este estilo se sienten cómodas tanto con la intimidad como con la independencia, creando un equilibrio saludable en sus relaciones.

Por ejemplo, una persona con un apego seguro puede apoyar las ambiciones profesionales de su pareja al tiempo que mantiene sus propios objetivos. Confían en la conexión y no se sienten amenazados por la distancia temporal o los desafíos. Esta capacidad para comunicarse abiertamente y resolver los conflictos de forma constructiva constituye la base de unas relaciones prósperas.

Apego ansioso: La necesidad de seguridad

Las personas ansiosamente apegadas suelen desear la cercanía, pero temen el rechazo. Puede que lo reconozcas si alguna vez te has encontrado esperando ansiosamente la respuesta a un mensaje de texto o a una llamada telefónica, sobreanalizando lo que podría significar una respuesta tardía.

Una persona con un estilo de apego ansioso puede pedir con frecuencia a su pareja que le dé seguridad, buscando una afirmación constante de que es amada y valorada. Aunque sus intenciones surgen de un deseo genuino de conexión, estos comportamientos a veces pueden resultar abrumadores para su pareja, creando un ciclo de tensión.

El apego evitativo: La independencia por encima de la intimidad

El apego evitativo se caracteriza por una marcada preferencia por la independencia y la autosuficiencia, a menudo a expensas de la cercanía emocional. Imagínese a una pareja a la que se le da muy bien hacer planes, pero que se retrae emocionalmente cuando la conversación se centra en los sentimientos o la vulnerabilidad.

Este estilo puede parecerse al de alguien que valora tanto su autonomía que evita las discusiones profundas o reprime sus emociones. Puede cambiar de tema o desviar la atención cuando las cosas se vuelven demasiado personales, creando una distancia que puede hacer que su pareja se sienta insatisfecha.

Apego desorganizado: La lucha Push-Pull

El apego desorganizado suele ser una mezcla caótica de estilos inseguros con deseos contradictorios de cercanía y autoprotección. Una persona con este estilo puede desear un abrazo en un momento dado, pero apartar a su pareja al siguiente, por miedo a la vulnerabilidad.

Por ejemplo, un individuo desorganizado puede iniciar discusiones emocionales profundas, pero retirarse de repente cuando se siente expuesto. Esta imprevisibilidad puede hacer que las relaciones sean turbulentas y que ambos miembros de la pareja no sepan a qué atenerse.

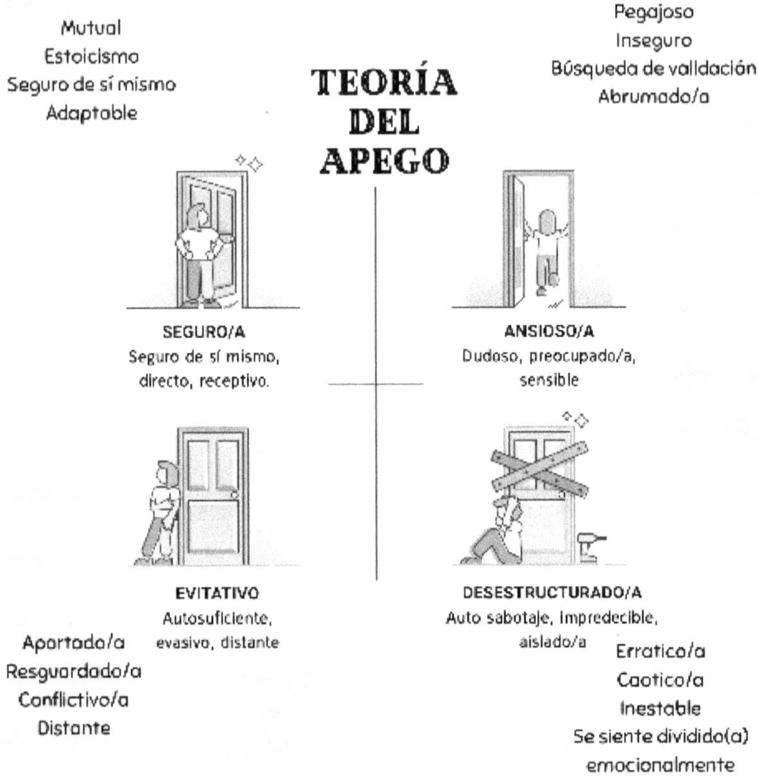

Patrones en el amor

Los estilos de apego no sólo dictan cómo nos comportamos en las relaciones, sino que también determinan cómo interpretamos las acciones de los demás. Por ejemplo, una pareja con un apego seguro puede ver el trabajo nocturno de su pareja como un signo de dedicación, mientras que una pareja con un apego ansioso puede interpretarlo como negligencia. Estas interpretaciones, guiadas por nuestros estilos de apego, crean la dinámica que fortalece o tensa las relaciones.

Ejercicio de reflexión: Descubre tu estilo de apego

Tómate un momento para considerar tus relaciones, tanto pasadas como presentes. Reflexiona sobre estas preguntas:

- ¿Busca que le tranquilicen constantemente o teme el rechazo?
- ¿Prefiere la distancia emocional y lucha contra la vulnerabilidad?
- ¿Cómo suele manejar los conflictos o los cambios de comportamiento de su pareja?
- ¿Hay patrones recurrentes en tus relaciones que destaquen?

Piensa en algún recuerdo de tu infancia en el que hayas buscado el consuelo de un cuidador. ¿Cómo respondió y cómo te hizo sentir? Reflexiona sobre si estas experiencias tempranas influyeron en las pautas que observas en tus relaciones actuales.

Infancia y adolescencia: Cómo nos forman los vínculos tempranos

En la infancia comienza a formarse el modelo de nuestros estilos de apego, moldeado por las interacciones que tenemos con nuestros cuidadores. Estas experiencias tempranas influyen en la forma en que percibimos las relaciones, manejamos las emociones y navegamos por la intimidad, patrones que a menudo perduran hasta la edad adulta y más allá.

El papel de los cuidadores en el desarrollo del apego

La forma en que los cuidadores interactúan con sus hijos sienta las bases de los estilos de apego y determina cómo percibimos las relaciones y la seguridad emocional. Aunque un cuidado constante y receptivo fomenta un apego seguro, los matices de los estilos de crianza pueden influir aún más en el desarrollo de patrones de apego específicos.

Crianza con autoridad: El plan seguro

Los padres autoritarios combinan calidez y estructura, ofreciendo apoyo emocional al tiempo que establecen límites claros. Este enfoque equilibrado fomenta un apego seguro al enseñar a los niños que sus necesidades serán satisfechas de forma constante y cariñosa, a la vez que se fomenta su independencia.

Paternidad autoritaria: Semillas de evitación o ansiedad

Los padres autoritarios dan prioridad a las normas y la disciplina sobre el calor emocional, y a menudo esperan obediencia sin rechistar. Este enfoque puede conducir a un apego evitativo, ya que los niños pueden reprimir sus necesidades emocionales para evitar conflictos. Por otra parte, algunos niños pueden desarrollar un apego ansioso si perciben que el amor está condicionado al cumplimiento de unas expectativas elevadas.

Paternidad permisiva: El arma de doble filo

Los padres permisivos ofrecen calidez emocional, pero carecen de estructura o límites. Aunque su afecto puede ser reconfortante, la ausencia de coherencia puede provocar un apego ansioso, ya que los niños pueden sentirse inseguros sobre los límites del apoyo de su cuidador. Esta incertidumbre suele crear una necesidad de reafirmación constante.

Crianza negligente: Las raíces de la desorganización

Los padres negligentes no están disponibles emocionalmente y no satisfacen las necesidades de sus hijos de manera constante. Esta falta de fiabilidad suele dar lugar a un apego desorganizado, en el que los niños experimentan una confusa mezcla de búsqueda de conexión y miedo al abandono. Estos niños pueden tener problemas de confianza y regulación emocional hasta bien entrada la edad adulta.

Entender cómo estos estilos de crianza se cruzan con la teoría del apego ofrece una perspectiva más profunda de por qué los estilos de apego se forman como lo hacen. Reflexionar sobre el enfoque de tus cuidadores puede aportar información valiosa sobre los patrones que has llevado a la edad adulta.

Etapas clave del desarrollo: De la infancia a la adolescencia

A medida que los niños entran en la adolescencia, se ponen a prueba los vínculos formados en la primera infancia. La adolescencia es una etapa crucial en la que los adolescentes exploran sus identidades y navegan por nuevos roles sociales , poniendo a prueba los límites de sus vínculos sin dejar de contar con apoyo emocional. Esta fase suele reflejar patrones anteriores, pero introduce nuevas dinámicas moldeadas por las relaciones entre iguales y la búsqueda de la independencia.

La historia de Emma: Crear seguridad mediante la coherencia

Emma, de dos años, está jugando en el jardín cuando tropieza con un juguete y se raspa la rodilla. Se le saltan las lágrimas y llama a gritos a su madre. En unos instantes, su madre está allí, arrodillada a su lado. La levanta con cuidado, comprueba la herida y le dice: "Te tengo, cariño. Estás bien". Su tono tranquilizador y su abrazo ayudan a Emma a sentirse segura y reconfortada. Después de calmarla, su madre la anima a intentarlo de nuevo diciéndole: "¡Qué valiente eres!". Estas respuestas constantes y cálidas enseñan a Emma que sus necesidades serán satisfechas y que no pasa nada por arriesgarse y explorar.

Emma tiene 17 años. Lleva unos meses saliendo con su novio, Lucas. Cuando Lucas cancela inesperadamente sus planes de fin de semana, diciendo que necesita tiempo a solas, Emma siente un destello de decepción, pero no entra en una espiral de dudas. Se recuerda a sí misma que su petición no es un reflejo de su valía. En lugar de sobreanalizar, pasa la tarde disfrutando de su afición favorita, la pintura, y llama a una amiga para ponerse al día. Su apego seguro le permite manejar la situación con confianza y seguridad, fortaleciendo su relación con Lucas y consigo misma.

La historia de Noé: El impacto de la incoherencia

Noah, un niño de tres años, está jugando tranquilamente en su habitación cuando el viento golpea una rama contra su ventana, creando una sombra espeluznante. Asustado, llama a su padre. Al principio no obtiene respuesta. Al cabo de unos minutos, su padre entra en la habitación, pero su atención está puesta en su teléfono. "Es sólo una sombra, colega", dice antes de marcharse. Noah se sienta en la cama, sin saber si su padre volverá a llamar. Cuando su padre no lo hace, Noah aprende a reprimir su necesidad de consuelo, dudando de que pueda confiar en los demás. Estas respuestas incoherentes plantan las semillas del apego ansioso, en el que el anhelo de conexión va unido al miedo al rechazo.

A los 16 años, Noah empieza a salir con María. Cuando ella le dice que le enviará un mensaje más tarde, pero pasan las horas sin que reciba ninguno, Noah siente un nudo familiar de ansiedad. Su mente se acelera: ¿He dicho algo malo? ¿Está enfadada conmigo? Incapaz de soportar la incertidumbre, envía varios mensajes, cada vez más urgentes. María, que se siente abrumada por la intensidad de Noah, se retira y deja que se sienta rechazado. El apego ansioso de Noah crea un ciclo de mayor sensibilidad a la distancia percibida, forzando involuntariamente la conexión que tanto anhela.

La adolescencia en el punto de mira

Durante la adolescencia, las relaciones con los compañeros desempeñan un papel fundamental en la dinámica del apego. Por ejemplo:

- Un adolescente ansiosamente apegado puede buscar con frecuencia el consuelo de sus amigos, temiendo ser excluido o juzgado.
- Un adolescente evitativo puede rehuir las amistades íntimas y centrarse en actividades solitarias para evitar la vulnerabilidad emocional.
- Un adolescente desorganizado puede mostrar un comportamiento impredecible, como buscar una cercanía intensa con sus amigos un día y retraerse por completo al siguiente, impulsado por deseos contradictorios de conexión y miedo al rechazo.

Estos patrones reflejan los estilos de apego formados en la infancia, pero la adolescencia también presenta oportunidades de crecimiento. Los fuertes lazos con los compañeros y los mentores de apoyo pueden ayudar a los adolescentes a desarrollar patrones más seguros, incluso si las experiencias anteriores fueron inconsistentes o desafiantes.

Romper el ciclo: Reescribir los patrones de apego

Los estilos de apego suelen transmitirse de generación en generación, ya que los niños adoptan inconscientemente los comportamientos relacionales que observan en sus cuidadores. Sin embargo, este ciclo no es inamovible. La crianza consciente y el crecimiento personal pueden alterar los patrones inseguros, fomentando relaciones de apego seguras para la siguiente generación. Al ofrecer una disponibilidad emocional constante y crear entornos seguros, los cuidadores pueden ayudar a reescribir la narrativa para sus hijos, y para ellos mismos.

Curación y crecimiento

Aunque las experiencias de la infancia moldean nuestros estilos de apego, no nos definen. El crecimiento implica reconocer las heridas del pasado y buscar experiencias correctivas, ya sea a través de la terapia, la autorreflexión o el establecimiento de relaciones de apoyo. La terapia basada en el apego y el asesoramiento informado por el trauma pueden ayudar a resolver necesidades no satisfechas y fomentar patrones más saludables. Con intención y esfuerzo, es posible desarrollar la resiliencia emocional, profundizar los vínculos y crear una base más segura para las relaciones futuras.

Amor y más allá: Cómo los estilos de apego moldean las relaciones adultas

Los estilos de apego actúan como planos invisibles que nos guían silenciosamente en nuestras relaciones. Estos estilos influyen en la forma en que manejamos la intimidad, el conflicto y la conexión, no sólo en las relaciones románticas, sino también en las amistades y los entornos profesionales.

Relaciones románticas: La interacción de los estilos de apego

En las relaciones románticas, los estilos de apego pueden moldear la dinámica de formas inesperadas. Una pareja con un apego seguro equilibra la proximidad y la independencia, creando una base estable. Pueden ayudar de forma natural a una pareja ansiosa a regular sus miedos ofreciéndole seguridad sin juzgarla. Por ejemplo, cuando su pareja ansiosa entra en una espiral de preocupación por el retraso de su pareja en llegar a casa, una pareja segura puede decir tranquilamente: "Me he entretenido en el trabajo, pero ya estoy aquí", aliviando las preocupaciones de su pareja.

Por el contrario, las parejas evitativas suelen tener dificultades con la cercanía emocional, lo que provoca tensiones cuando se emparejan con una pareja ansiosa. Imagínese a una persona evitativa que se retrae durante un desacuerdo, lo que hace que su pareja ansiosa se sienta rechazada y sobreanalice el silencio. Sin embargo, cuando se empareja con una persona con un apego seguro, el individuo evitativo puede aprender a expresar sus necesidades más abiertamente, descubriendo que el conflicto no siempre conduce a la desconexión.

Navegar por la incomunicación: Estrategias prácticas

Cuando los estilos de apego chocan, surgen problemas. La falta de comunicación suele deberse a la incompatibilidad entre las necesidades de intimidad e independencia:

- Una pareja ansiosa puede interpretar la necesidad de espacio de una pareja evitativa como un rechazo, desencadenando sentimientos de abandono.
- La pareja evitativa, abrumada por la búsqueda de proximidad de la pareja ansiosa, puede retraerse aún más, creando un ciclo de frustración.

Romper estos ciclos requiere una comunicación clara y compasiva. Considera la posibilidad de utilizar frases que aborden directamente los malentendidos, como:

- "Necesito un tiempo a solas, pero eso no significa que esté enfadada contigo".
- "Cuando te alejas, me hace sentir distante. ¿Podemos hablar de ello?"

Un ejercicio de diálogo estructurado también puede ayudar. Los miembros de la pareja pueden compartir por turnos sus sentimientos mientras el otro escucha sin interrupción, lo que fomenta la comprensión y reduce la actitud defensiva.

Más allá del romance: Amistades y dinámicas profesionales

Los estilos de apego se extienden a otros aspectos de la vida, configurando las amistades y las interacciones en el lugar de trabajo.

En Amistades

- Un amigo ansiosamente apegado puede buscar constantes garantías, preocupándose por si se le deja de lado o se le desvaloriza si no se le devuelve rápidamente una invitación o no se le incluye en los planes de un acto social.

- Un amigo evasivo puede mantener las relaciones a distancia, evitando los eventos en grupo o las conversaciones profundas para protegerse de la vulnerabilidad.
- Los amigos con un apego seguro suelen crear dinámicas equilibradas y solidarias, sorteando los malentendidos con empatía.

En entornos profesionales

- Un líder seguro fomenta la confianza alentando la comunicación abierta y creando un entorno en el que los miembros del equipo se sienten valorados y apoyados.
- Un empleado ansioso puede evitar asumir riesgos o pedir ayuda, por miedo a las críticas o al rechazo, lo que puede llevarle a sentirse abrumado y a cometer errores.
- Las personas evasivas pueden sobresalir en tareas independientes pero tener dificultades para colaborar, prefiriendo a menudo la soledad a la dinámica de equipo, lo que puede dar lugar a críticas por falta de trabajo en equipo.

Al reconocer estas pautas, podemos adaptar nuestros planteamientos para mejorar la confianza, la comunicación y la colaboración en todos los ámbitos de la vida.

Generar confianza y crecimiento

La confianza es la base de las relaciones sanas. Se construye a través de pequeñas acciones constantes que demuestran atención y fiabilidad, como cumplir las promesas u ofrecer apoyo en momentos difíciles. Estas acciones crean un entorno en el que la vulnerabilidad se siente segura.

Los estilos de apego no son permanentes. Con conciencia y esfuerzo, pueden evolucionar. La terapia, la atención plena y la autorreflexión ofrecen herramientas para abordar los patrones que ya no nos sirven. Rodearnos de relaciones de apoyo fomenta el crecimiento y nos recuerda que el cambio es posible y merece la pena.

Ejercicio de reflexión: Comprender y crecer en las relaciones

Tómate un momento para reflexionar sobre cómo influye el apego en tus relaciones:

- ¿Qué pautas observas en tu forma de abordar los conflictos o la intimidad?
- ¿Cómo reaccionas normalmente cuando alguien se aleja o busca cercanía?
- ¿Qué hábito podrías cambiar para fomentar una comunicación más sana con tu pareja, amigo o compañero de trabajo?

Paso práctico: Escribe una pequeña acción que puedas llevar a cabo esta semana para reforzar la confianza o mejorar el entendimiento en una relación clave.

La ciencia de la conexión: Insights From Research

Algunas relaciones nos hacen sentir seguros, mientras que otras nos hacen cuestionar nuestra valía. La razón no está sólo en nuestras experiencias, sino también en la intrincada interacción de la biología, la psicología y la química. La teoría del apego, respaldada por décadas de investigación, nos ofrece una ventana a las profundas conexiones entre nuestras primeras relaciones y cómo nos desenvolvemos en el mundo de adultos. Exploremos la ciencia que hay detrás de los vínculos que nos forman, y la esperanza de un cambio.

La larga sombra de la infancia

Nuestras primeras relaciones dejan una huella duradera. Un estudio pionero realizó un seguimiento de los participantes durante más de dos décadas y descubrió que cerca del 70% conservaban los patrones de apego que habían formado de niños. Estos hallazgos ponen de manifiesto hasta qué punto las primeras experiencias de cuidado moldean nuestros esquemas emocionales.

Pero el hecho de que estas pautas empiecen pronto no significa que sean permanentes. Reconocerlos es el primer paso para crear relaciones más sanas.

El papel del cerebro en el apego

El apego no es sólo emocional: es profundamente biológico. Los siguientes tres actores clave del cerebro trabajan entre bastidores para guiar nuestros comportamientos de apego:

- **El Sistema Límbico:** Piensa en él como la sede emocional del cerebro. Procesa sentimientos y recuerdos y ayuda a crear vínculos con los demás. Este sistema es clave en la creación de conexiones emocionales. Si esos primeros vínculos fueron incoherentes o dolorosos, el sistema límbico puede reaccionar de forma exagerada ante situaciones emocionales, lo que dificulta la confianza y la seguridad en las relaciones.
- **La amígdala:** Piensa en ella como el sistema de alarma de tu cerebro. Busca el peligro y activa las respuestas de miedo. Si has tenido relaciones incoherentes o dolorosas a una edad temprana, es posible que tu amígdala haga sonar la alarma con demasiada frecuencia, incluso en situaciones seguras, lo que dificulta la confianza.
- **El córtex prefrontal:** Actuando como un "entrenador de la calma", esta parte del cerebro ayuda a regular las emociones y fomenta la toma de decisiones meditadas durante los conflictos. Un córtex prefrontal fuerte puede equilibrar las señales de alarma de la amígdala, pero los problemas de apego tempranos pueden dificultar este equilibrio.

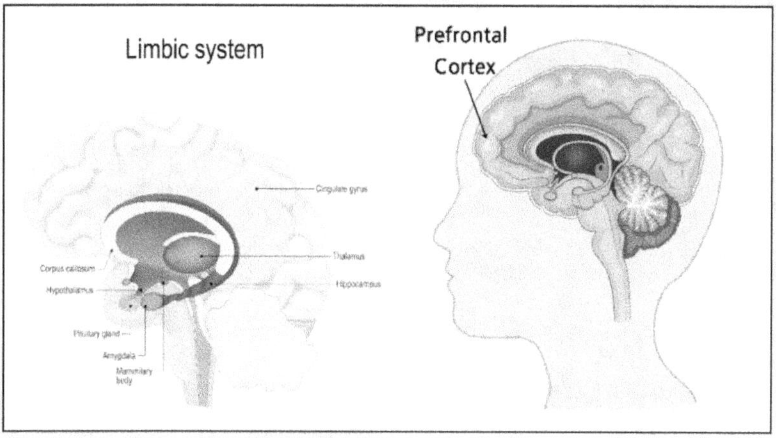

Comprender estos sistemas nos ayuda a entender por qué algunas reacciones emocionales son automáticas.

La esperanza de la neuroplasticidad

Esta es la parte alentadora: Nuestro cerebro no es fijo. Gracias a la neuroplasticidad, podemos formar nuevas conexiones neuronales a lo largo de nuestra vida. La terapia, la atención plena y las relaciones de apoyo promueven este proceso de recableado, permitiéndonos remodelar viejos patrones y construir formas más sanas de conectar. El cambio es posible, empieces por donde empieces.

La química de la conexión

Nuestra necesidad de proximidad no es sólo emocional o neuronal: es química. Te presentamos la oxitocina, la "hormona del amor". La oxitocina se libera cuando una madre amamanta a su recién nacido, pero todos experimentamos sus efectos cuando se libera en momentos de conexión, como un abrazo o una conversación sincera. Fomenta la confianza, alivia el estrés y es la forma que tiene la naturaleza de recordarnos que la conexión no es sólo agradable, esencial.

Estilos de apego y bienestar emocional

Su estilo de apego influye en su forma de manejar las emociones y de relacionarse con los demás:

- **Las personas con un apego seguro** suelen ser resistentes y se desenvuelven en las relaciones con equilibrio y comunicación eficaz.
- **Los estilos inseguros** -ya sean ansiosos, evitativos o desorganizados- pueden crear ciclos de dependencia excesiva, retraimiento o turbulencias emocionales.

¿La buena noticia? Reconocer estos patrones es el primer paso para liberarse de ellos.

Ejercicio de reflexión: La ciencia de tus conexiones

Recuerda un momento reciente de conexión con alguien en quien confíes. Reflexiona sobre estas indicaciones:

- ¿Qué emociones sintió durante esta interacción?
- ¿Notaste sensaciones físicas, como relajación o calor?
- ¿Cómo afectó esta conexión a tu estado de ánimo o a tu sensación de seguridad?

Escribe tus pensamientos en unas pocas frases, centrándote en cómo respondieron tu cuerpo y tus emociones a este momento de conexión. Piensa en cómo influye la confianza en tu bienestar físico y mental.

Reflexiones finales

Al comprender las fuerzas que conforman nuestros patrones relacionales, nos capacitamos para crecer, sanar y construir conexiones más profundas. Las relaciones son complejas, pero también son la fuente de algunas de las mayores alegrías de la vida. Con conciencia, intención y voluntad de adaptación, podemos convertir esas complejidades en oportunidades de realización y conexión.

DOS

El Plan De La Ansiedad

SIGNOS Y COMPORTAMIENTOS QUE HAY QUE RECONOCER

> *La ansiedad no vacía el mañana de sus penas, sólo vacía el hoy de sus fuerzas.*
>
> Charles Spurgeon

Vivir con un apego ansioso puede ser como ser arrastrado por las corrientes submarinas de un océano en el que puedes perder el equilibrio en cualquier momento. Aunque las cosas parezcan aparentemente tranquilas en la superficie, en el fondo te sientes inestable e inseguro. La implacable corriente submarina determina tu forma de conectar, interpretar y responder en las relaciones.

Puede que te encuentres constantemente buscando consuelo: una respuesta a un mensaje, un gesto cariñoso o una palabra amable que confirme tu valor y tu amor. Sin embargo, por mucha seguridad que recibas, es como atrapar una luciérnaga y ver cómo se apaga; la seguridad es tan efímera como el resplandor del verano.

Los silencios se vuelven ensordecedores, las pausas entre momentos de conexión parecen advertencias y te encuentras preparado para el rechazo o el abandono, incluso en relaciones estables.

No se trata sólo de las acciones de los demás, sino también de la percepción que uno tiene de sí mismo. La duda puede infiltrarse en tus pensamientos, murmurando inseguridades que te hacen sentir inadecuado. Esta lucha emocional puede agotar tu energía al encontrarte atrapado en un ciclo de deseo de conexión y, al mismo tiempo, de miedo a perderla repentinamente.

Autodescubrimiento: Evaluación de su estilo de apego

Descubrir tu estilo de apego es como descubrir el plano de tus relaciones. Revela cómo conectas con los demás, te proteges y respondes a la intimidad. Al comprender estos patrones, adquieres una conciencia más profunda de tu mundo emocional y de las fuerzas que dan forma a tus interacciones. Este autoconocimiento es la base del crecimiento personal y de la creación de vínculos más sólidos y ***satisfactorios.***

Dar el primer paso: Cuestionarios en línea

Un buen punto de partida para el autodescubrimiento es utilizar cuestionarios estandarizados para evaluar tu estilo de apego. Una de las herramientas más reconocidas **es el Cuestionario de Experiencia en Relaciones Cercanas (ECR)**, disponible en línea o a través de terapeutas. Este cuestionario explora tu comodidad con la intimidad, tus miedos al abandono y tus reacciones al conflicto, ofreciendo una visión estructurada de tus patrones relacionales y proporcionando una imagen clara de tu situación actual.

- **Cuestionario ECR**: Este enlace ofrece dos opciones: una encuesta detallada que requiere registro por correo electrónico o una evaluación rápida sin registro. https://www.web-research-design.net/cgi-bin/crq/crq.pl.
- **Cuestionario sobre el proyecto Attachment**: Este sitio ofrece un cuestionario fácil de contestar que requiere inscripción por correo electrónico. https://quiz.attachmentproject.com.

Ejercicio de reflexión: Reflexionar a través de un diario

Más allá de los cuestionarios, llevar un diario reflexivo es una forma eficaz de explorar tus tendencias de apego. Las indicaciones guiadas pueden ayudarte a recordar momentos significativos de relaciones o interacciones pasadas, revelando patrones y emociones. Considera escribir sobre:

- Un momento en el que se sintió profundamente seguro en una relación.
- Un momento en el que experimentó ansiedad intensa o miedo al abandono.
- Las emociones y reacciones desencadenadas por esas experiencias.

Pregunta de seguimiento: ¿Cómo siguen influyendo estos momentos en tus pensamientos y acciones en las relaciones actuales?

Mapa mental de tus patrones

Este ejercicio te ayuda a visualizar las conexiones entre tus experiencias, emociones y conductas de apego. Crea un "mapa mental" contigo mismo en el centro. A partir de ahí:

- Dibuja ramas para los distintos aspectos de tu vida, como la familia, las relaciones sentimentales, las amistades y la imagen que tienes de ti mismo.
- En cada categoría, enumera emociones, comportamientos recurrentes o experiencias notables. Por ejemplo:
    - **Familia:** "No se sentía apoyado cuando expresaba sus emociones".
    - **Relaciones románticas:** "Lucha con la confianza después de los conflictos".
    - **Autoimagen:** "Miedo a estar demasiado necesitado".
- Reflexiona sobre cómo estas áreas se entrecruzan e influyen en tu estilo de apego.

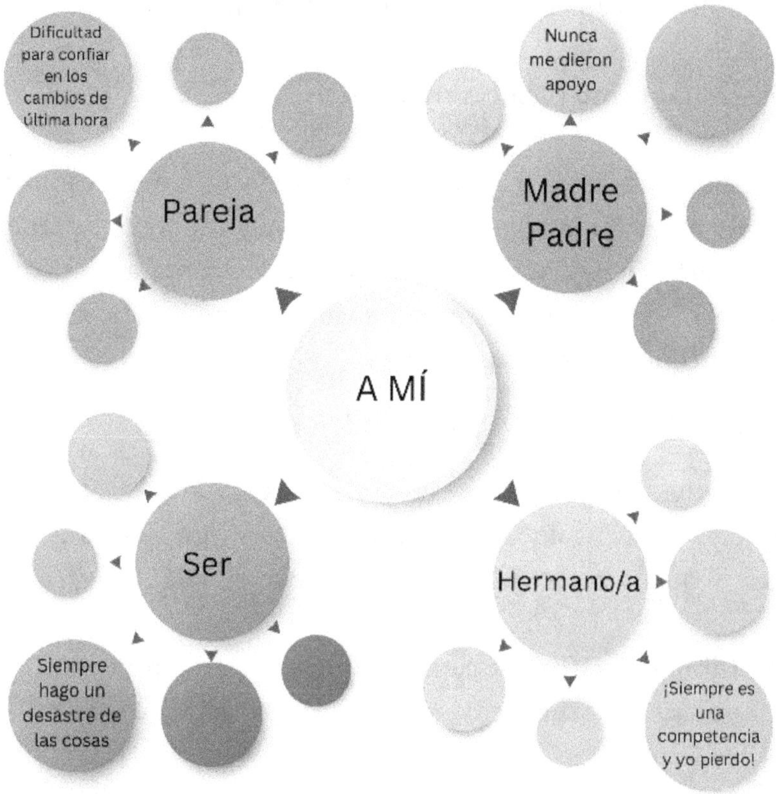

Este mapa sirve como herramienta visual dinámica para descubrir los hilos que conectan tu pasado con tu presente.

Interpretación de la información

Cuando interpretes tus conclusiones, aborda este proceso con compasión. Recuerde que no existe un estilo de apego "correcto" o "incorrecto", sino sólo patrones que pueden o no contribuir a su bienestar. Si el proceso te parece abrumador, considera la posibilidad de buscar ayuda profesional. Un terapeuta especializado en la teoría del apego puede ayudarte en esta exploración y ofrecerte estrategias para fomentar un estilo de apego más seguro.

Desarrollar la inteligencia emocional

El autoconocimiento mejora la comprensión del propio estilo de apego y cultiva la inteligencia emocional. Al reconocer los propios desencadenantes y patrones, uno puede responder a los demás con mayor empatía y paciencia, fomentando interacciones armoniosas y conexiones más profundas.

Elemento interactivo: Mapa de su viaje de apego

Esta actividad basada en la cronología ayuda a identificar patrones en la evolución de su estilo de apego a lo largo del tiempo. Dedica 20-30 minutos a trazar tu recorrido:

1. **Dibuja una línea de tiempo.** Empiece por sus primeras experiencias como cuidador y continúe hasta la edad adulta.
2. **Marque los momentos significativos.** Incluye hitos de alegría, conflicto o cambio en las relaciones. Por ejemplo: "Mamá me consoló cuando suspendí un examen", "Una ruptura a los 22 me hizo cuestionarme mi valía".
3. **Reflexiona sobre las emociones.** Escriba las emociones vinculadas a cada acontecimiento y anote los patrones o temas que se repiten. Por ejemplo: "El miedo al abandono afloró durante las discusiones".
4. **Identifique oportunidades de crecimiento**. Destaca las áreas en las que has progresado o en las te gustaría centrarte para mejorar.

Utiliza esta línea de tiempo como un documento vivo, revisándolo a medida que continúes tu viaje de autodescubrimiento.

La huella de la ansiedad: Señales y comportamientos que hay que reconocer

El apego ansioso suele crear un entorno emocional que puede resultar abrumador e impredecible. Puedes notar una mayor sensibilidad a las palabras o acciones de tu pareja: comentarios aparentemente casuales o momentos de silencio pueden desencadenar una cascada de preocupaciones y dudas. A veces, esta intensidad emocional puede despertar sentimientos como los celos o la posesividad. Suele ocurrir cuando malinterpretamos la atención de nuestra pareja hacia los demás -o incluso distracciones inocentes- como una señal de que podría estar perdiendo interés en nosotros. Esta vigilancia constante puede ser agotadora, ya que la necesidad de asegurar tu lugar en su vida eclipsa tu capacidad de encontrar la paz.

En la vida cotidiana, estos síntomas suelen manifestarse como un exceso de análisis y reacciones ante acontecimientos aparentemente insignificantes. Estos temores pueden dar lugar a comportamientos de apego, como enviar mensajes de texto o llamar en exceso o buscar repetidamente consuelo verbal. Aunque estas acciones pueden ofrecer un alivio temporal, a menudo aumentan la ansiedad, creando un bucle en el que la necesidad de cercanía choca con el miedo a alejar a la pareja.

No son sólo los signos o comportamientos emocionales los que pueden afectarnos. Cuando se trata de un estilo de apego ansioso, es posible que también notes algunos síntomas físicos, como un aumento del ritmo cardíaco, problemas para respirar, tensión muscular, dolores de cabeza y de estómago, fatiga e incluso insomnio. También puedes sentir una mayor sensibilidad al estrés, sobre todo cuando te enfrentas a sentimientos de rechazo o abandono en las relaciones. Esta respuesta es esencialmente la forma que tiene tu cuerpo de reaccionar ante la ansiedad continua que proviene de un lugar de inseguridad.

Ejercicio de reflexión: Comprender tus reacciones

Piense en una interacción reciente con un compañero, amigo o familiar que le haya provocado ansiedad.

- Escribe lo que pasó, cómo te sentiste y cómo reaccionaste. ¿Buscaste tranquilizarte? ¿Interpretó negativamente sus acciones?
- Reflexiona sobre qué miedos o inseguridades subyacentes pueden haber influido en tu respuesta.

Enlace al ejercicio de mapeo: Utiliza esta reflexión para identificar los desencadenantes y las respuestas para "Mapear tus desencadenantes y respuestas" al final de este capítulo.

Reconocer estos signos y síntomas es el primer paso hacia el cambio. La toma de conciencia crea oportunidades de crecimiento y te ayuda a comprender los desencadenantes emocionales que impulsan tus comportamientos. Puedes liberarte del ciclo de búsqueda constante de validación y construir relaciones basadas en la confianza, la seguridad en ti mismo y la comprensión mutua. Recuerda que la transformación es posible y que cada pequeño paso que des te acercará a una conexión más sana y satisfactoria con los demás y contigo mismo.

El miedo al abandono: Desentrañando sus profundas raíces

El miedo al abandono suele tener su origen en experiencias pasadas. Muchos se enfrentaron a una infancia incierta, con cuidadores poco constantes o que no estaban disponibles, se decepcionaron y aprendieron a relacionar el amor con la imprevisibilidad, cultivando la ansiedad de estar solos. Los traumas en las relaciones, como la traición, refuerzan este miedo, haciendo que la confianza parezca arriesgada.

En las relaciones adultas, estos miedos se manifiestan como proyecciones de inseguridades pasadas. Un desencadenante puede provocar ansiedad, ya que la hipervigilancia busca señales de problemas, temiendo que se repita la historia. Esta conciencia exacerbada puede tensar involuntariamente las relaciones, como cuando se agarra con demasiada fuerza un vaso frágil por miedo a que se caiga y se corre el riesgo de que se rompa bajo presión.

Superar estos miedos exige reflexión y acción. Las estrategias cognitivo-conductuales pueden ayudar a replantear los pensamientos ansiosos. Por ejemplo, cambiar "Están distantes porque no les importa" por "Puede que estén ocupados, pero eso no disminuye mi valía" es un cambio fundamental. Crear una red de apoyo de amigos, familiares o grupos de terapia ayuda a contrarrestar el aislamiento, recordándote que no estás solo en el camino.

La historia de Jess: Del miedo al crecimiento

Jess siempre tenía la sensación de estar esperando que ocurriera algo malo. Su infancia estuvo marcada por la inestabilidad: su madre solía estar ocupada trabajando hasta tarde, su padre se marchó cuando ella era muy pequeña e, incluso con gente a su alrededor, se sentía con frecuencia invisible. A los veinte años, veía las relaciones como obstáculos en los que estaba destinada a fracasar. El miedo la llevaba constantemente a cuestionarse cualquier relación. Una simple decepción podía convertirse en una espiral de sentimientos de rechazo e inutilidad. Agotada por este ciclo, Jess buscó terapia.

En sus primeras sesiones, Jess exploró el fuerte vínculo entre sus experiencias pasadas y sus ansiedades actuales. Su terapeuta introdujo prácticas de atención plena para ayudarla a afrontar los miedos abrumadores. Al principio le costó enfrentarse a emociones que había reprimido durante mucho tiempo. Sin embargo, a medida que procesaba sus sentimientos, empezaron a surgir patrones. Al darse cuenta de que a menudo buscaba la validación de los demás, buscó formas de alimentar su autoestima internamente.

Jess empezó a llevar un diario para procesar sus emociones y descubrió que escribir le ayudaba a aclarar sus pensamientos. Se sinceró con algunos amigos de confianza, revelándoles partes de sí misma que había mantenido ocultas durante demasiado tiempo. Sorprendentemente, respondieron con amabilidad y apoyo, reforzando su autoestima. El progreso se produjo a través de pequeños pasos significativos, y Jess estableció patrones más saludables en sus relaciones.

Tema de reflexión: Rastrear las raíces del miedo

Piensa en algún momento en el que hayas sentido un profundo miedo a ser abandonado.

- ¿Qué estaba ocurriendo en ese momento? ¿Cómo respondió?
- Reflexione sobre si este miedo puede estar ligado a experiencias anteriores o a relaciones pasadas.

- Escriba sus pensamientos, centrándose en los sentimientos que han surgido y en lo que podrían estar intentando decirle.

Sugerencia de conexión a tierra: Cuando revises estos recuerdos, tómate un momento para respirar profundamente y recuérdate que estás a salvo en el presente.

El bucle del pensamiento excesivo: Cómo actúan las mentes ansiosas en las relaciones

Las experiencias pasadas en las que se rompió la confianza o no se atendieron las necesidades conforman sesgos cognitivos que influyen en la forma de interpretar las relaciones actuales. Un desencadenante puede poner tu mente en alerta máxima, generando escenarios hipotéticos y persistentes "y si..." mientras buscas posibles amenazas para salvaguardarte.

Desgraciadamente, las constantes preguntas, las dudas, el exceso de ideas y la necesidad de seguridad pueden abrumar a la pareja y provocar frustración o retraimiento. Este retraimiento, a su vez, amplifica los miedos, reforzando el ciclo de ansiedad y exceso de pensamiento. El agotamiento emocional se acumula en ambas partes, creando desconexión cuando más se necesita la cercanía.

Liberarse del bucle de pensar demasiado

Abordar el pensamiento excesivo requiere tanto concienciación como acción. He aquí algunas estrategias para recuperar la perspectiva:

1. **Prácticas de atención plena:** Conéctate al momento presente mediante técnicas como la respiración concentrada o el escáner corporal. Esto ayuda a interrumpir las espirales de ansiedad y redirigir la atención a lo que está sucediendo ahora, en lugar de a los miedos imaginarios.
2. **Escribir un diario:** Escribir tus pensamientos los exterioriza, lo que te permite verlos de forma más objetiva. También ayuda a identificar patrones recurrentes y a distinguir entre preocupaciones genuinas y ansiedad arraigada en inseguridades pasadas.
3. **Reencuadre los pensamientos:** Desafía las suposiciones ansiosas sustituyendo las creencias negativas por otras equilibradas. Por ejemplo, cambia "Están distantes porque no les importa" por "Probablemente estén preocupados, eso no cambia mi valor".
4. **Comunicación clara:** Practica la expresión de tus sentimientos con calma y sin culpar a nadie. Decir: "Me siento incómodo cuando no tengo noticias tuyas, ¿podríamos vernos una vez al día cuando estés de viaje?" invita a la colaboración sin presionar a tu pareja.

Si reconoces los patrones de pensamiento excesivo y pones en práctica estas herramientas, podrás crear una base de confianza y comprensión en tus relaciones. Superar el ciclo requiere práctica, pero la recompensa es una conexión más segura y una mayor paz emocional, y el esfuerzo merece la pena.

Ejercicios prácticos: Romper el bucle de pensar demasiado

Práctica de Mindfulness: Anclar el presente

- **Encuentra tu punto de enfoque.** Siéntate en un lugar tranquilo y elige un objeto que tengas a la vista, como una vela, una planta o incluso tus manos. Dedica dos minutos a observarlo detenidamente. Fíjate en sus colores, formas y texturas. Si tus pensamientos se desvían hacia preocupaciones o dudas, guíalos suavemente de vuelta al objeto.
- **Nombra el momento.** Cuando surja un pensamiento ansioso, reconócelo sin juzgarlo. Por ejemplo, dígase en silencio: "Esto es preocupación" o "Esto es duda". A continuación, vuelve a centrarte en el presente observando tu entorno o nombrando tres cosas que puedas ver, oír o tocar.

Por qué funciona: La atención plena te ayuda a interrumpir los pensamientos excesivos al situarte en el momento presente, lo que reduce el poder de los pensamientos ansiosos.

Ejercicio de diario: Diario de pensamientos

- **Describa el desencadenante.** Escribe sobre una situación reciente que haya desencadenado tus pensamientos exagerados. Incluye qué ocurrió, quién estuvo implicado y cómo te sentiste en ese momento.
- **Enumera tus pensamientos.** Anota los pensamientos concretos que te pasan por la cabeza. No los filtres ni los juzgues, simplemente escríbelos tal y como ocurrieron.

- **Desafía la narrativa.** Pregúntate por cada pensamiento:
    - ¿Este pensamiento se basa en pruebas o es una suposición?
    - ¿Cuál es una explicación alternativa para la situación?
    - ¿Cómo vería esta situación si me sintiera tranquilo y seguro?
- **Reformula tu perspectiva.** Concluye escribiendo una declaración equilibrada y compasiva, como por ejemplo: "Está bien sentirse inseguro, pero eso no significa que algo vaya mal. Puedo comunicar mis preocupaciones sin miedo".
- **Enlace al ejercicio Raíces del miedo:** Utiliza las ideas de este ejercicio para identificar patrones relacionados con miedos pasados al abandono.

Con estas prácticas, puedes empezar a cultivar la confianza y la comunicación abierta. En lugar de permitir que el miedo dicte tus acciones, puedes abordar tus relaciones con curiosidad y compasión, fomentando conexiones que se sientan seguras y satisfactorias. Recuerda, el objetivo es aprender a sortear las dudas con conciencia y resiliencia, creando un espacio en el que pueda prosperar el amor.

Desencadenantes y respuestas: Gestión de la ansiedad relacionada con el apego

Ciertos momentos en las relaciones pueden magnificar inesperadamente la ansiedad, haciéndote sentir vulnerable y fuera de control. Imagina que tu pareja se va de viaje un fin de semana y tarda en responder a tu mensaje. Cada minuto que pasa se convierte en una eternidad. Tu mente se llena de escenarios, cada uno de los cuales acaba en rechazo o desconexión. Este silencio no es sólo una sensación de vacío, sino que amplifica el miedo a ser ignorado o no deseado. Hasta los cambios más pequeños, como un cambio de tono o la falta de un mensaje de buenas noches, pueden ser sísmicos y sacudir tu estabilidad emocional.

Reconocer los desencadenantes y su impacto

Los desencadenantes de la ansiedad por el apego suelen tener su origen en experiencias pasadas. El miedo a ser abandonado o pasado por alto puede manifestarse como hipersensibilidad a los cambios en la comunicación, el tono o la rutina. Físicamente, estos desencadenantes pueden hacer que el corazón se acelere o que los músculos se tensen, creando una respuesta de todo el cuerpo que agota la energía. Emocionalmente, pueden dejarte atrapado en una espiral de peores escenarios, reforzando el ciclo de ansiedad. Con el tiempo, este patrón puede tensar las relaciones, ya que la búsqueda repetida de seguridad o el análisis excesivo crean tensión. Aunque estos comportamientos provienen de un deseo de conexión, pueden alejar involuntariamente a la pareja.

Michelle: Una expectativa insatisfecha

A Michelle le encantaba el ritual nocturno de encontrarse con su compañero, Keith. La tranquilizaba y le ofrecía una sensación de conexión después de un día ajetreado. Pero una noche, Keith no llamó. Pasaron las horas y los pensamientos de Michelle se volvieron locos. Se preguntaba si estaría enfadado y repasaba sus últimas conversaciones en busca de señales de problemas. Cuando Keith le envió un mensaje de texto disculpándose por haber trabajado hasta tarde y haberse quedado dormido, Michelle se sintió abrumada y emocionalmente agotada. Más tarde, al escribir sobre el incidente, Michelle se dio cuenta de lo rápido que había sacado conclusiones. Decidió hablar abiertamente con Keith y contarle lo mucho que significaban para ella sus citas nocturnas. Juntos, acordaron comunicarse con antelación si uno de los dos no podía ir, lo que permitió a Michelle controlar su ansiedad sin poner en peligro su relación.

Romper el ciclo

La gestión de los factores desencadenantes empieza por ser consciente de uno mismo. Practica técnicas de enraizamiento, como la respiración profunda o la relajación muscular progresiva, cuando te asalte la ansiedad. Estas herramientas ayudan a calmar el cuerpo y dan espacio a la mente para procesar las emociones. La comunicación abierta es igualmente importante. Comparta sus desencadenantes con su pareja para fomentar la comprensión y la cooperación mutuas. Por ejemplo, explíquele por qué ciertos comportamientos, como las respuestas retardadas, le resultan inquietantes y busquen juntos soluciones. Construir una relación basada en la empatía y la comprensión permite a ambos afrontar los desencadenantes de un modo que refuerza el vínculo.

Elemento interactivo: Relajación muscular progresiva

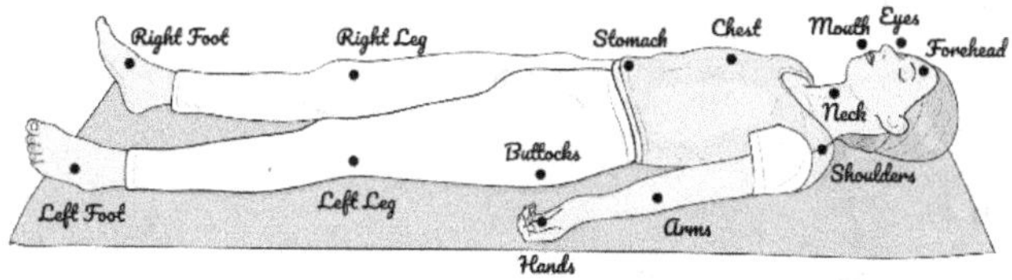

Relajación Muscular Progresiva

1. Encuentra un lugar tranquilo y cómodo para sentarte o acostarte.
2. Cierra los ojos si te sientes cómodo.
3. Respira profundamente, inhalando por la nariz y exhalando por la boca.
4. Continúa respirando profundamente y lentamente.
5. Aprieta un grupo muscular a la vez, comenzando con los dedos de los pies y los pies.
6. Mantén la contracción durante 5-10 segundos.
7. Libera y relaja los músculos cuando estén relajados.
8. Nota cómo se sienten los músculos cuando están relajados.
9. Pasa al siguiente grupo muscular: pantorrillas, rodillas, muslos, caderas, estómago, pecho, brazos, manos, cuello, cara.
10. Nota cómo se sienten los músculos cuando están relajados.
11. Repite para cada grupo muscular.
12. Al finalizar, respira profundamente unas cuantas veces y evalúa cómo te sientes.

Elemento interactivo: Ejercicio de respiración profunda

4-7-8 Respiración

Desarrollada por el Dr. Andrew Weil, esta técnica es un poderoso método para aliviar la ansiedad, aliviar la tensión muscular y ayudar a mejorar el sueño.

1. Busca un lugar tranquilo para sentarte o tumbarte. Baja la mirada o cierra los ojos y concéntrate en tu interior.
2. Exhale completamente por la boca, haciendo un silbido al hacerlo. Asegúrate de vaciar completamente los pulmones.
3. Cierre los labios e inspire por la nariz contando hasta cuatro (4). Deberías sentir que tanto tu pecho como tu vientre se elevan y sentir cómo se expanden mientras inhalas.
4. Haz una pausa y mantén la respiración mientras cuentas hasta siete (7). Asegúrate de mantener la mente en el presente; si se desvía, tráela suavemente de vuelta a este momento.
5. Exhale con fuerza con la boca abierta, de nuevo haciendo un sonido whoosh y contando hasta ocho (8). Siente cómo se libera la tensión a medida que el aire abandona tu cuerpo.
6. Repita este ciclo durante cuatro respiraciones completas. A medida que te acostumbres a este ejercicio, puedes añadir más ciclos. Él objetivo siempre será conseguir una sensación de paz y calma.

Aquí puede ver cómo el Dr. Weil realiza el ejercicio en persona: https://www.youtube.com/watch?v=p8fjYPC-k2k.

Elemento interactivo: Mapa de desencadenantes y respuestas

Tómese un momento para reflexionar sobre las situaciones que desencadenan constantemente su ansiedad. Anota tres desencadenantes habituales y los pensamientos, emociones y sensaciones físicas típicos que provocan. A continuación, piense en respuestas o estrategias de afrontamiento más saludables para cada desencadenante. Utiliza esta estructura:

- **Desencadenante**: (por ejemplo, el compañero no responde a los mensajes de texto con rapidez)
- **Pensamientos:** (por ejemplo, "Deben de estar enfadados conmigo").
- **Emociones:** (por ejemplo, miedo, tristeza, frustración)
- **Sensaciones físicas:** (por ejemplo, corazón acelerado, músculos tensos)
- **Respuesta más saludable:** (por ejemplo, respirar hondo tres veces, recordarme a mí mismo que probablemente estén ocupados, centrarme en una actividad que me guste mientras espero).

Enlace a otros ejercicios: Utiliza las ideas de "Comprender tus reacciones" y "El diario de pensamientos" para crear un mapa exhaustivo de desencadenantes y respuestas más saludables.

Reflexiones finales

Recuerda que reconocer estos patrones es el primer paso hacia la transformación. Con conciencia y esfuerzo, puedes cultivar un estilo de apego seguro que fomente la confianza, el equilibrio emocional y las conexiones satisfactorias. El próximo capítulo te guiará hacia técnicas prácticas para controlar y transformar tu ansiedad por el apego. Mantente curioso y compasivo contigo mismo mientras continúas este viaje.

TRES

Dominio Emocional

REGULACIÓN, RESISTENCIA E INTELIGENCIA

> *Los sentimientos son como las olas: no podemos evitar que vengan, pero podemos elegir cuáles surfear.*
>
> Jonatan Martensson

Inteligencia emocional para el autodominio: crear conciencia interna

La inteligencia emocional (IE) comienza con la autoconciencia, que es la capacidad de reconocer y comprender objetivamente sus emociones. Consiste en identificar tus sentimientos, discernir sus orígenes y comprender su influencia en tus pensamientos y acciones. Esta mayor conciencia te permite navegar por la vida con mayor claridad, fomentando relaciones más sanas y una conexión más profunda contigo mismo.

Cuando estás atento a tus emociones, puedes tomar decisiones intencionadas en lugar de reaccionar impulsivamente. Por ejemplo, piensa en la diferencia entre contestar bruscamente a un amigo después de un día largo y estresante o hacer una pausa para reconocer: "Ahora mismo me siento abrumado. Puede que necesite un momento para calmarme". Este sutil cambio transforma las interacciones, permitiendo que la empatía y la comprensión ocupen un lugar central.

Reconocer los estados emocionales

A menudo, las emociones se manifiestan de forma sutil: opresión en el pecho, aceleración de los latidos del corazón o mente inquieta. Si aprendes a identificar estas señales físicas y mentales, podrás comprender mejor tus estados emocionales. Por ejemplo:

- Una mandíbula apretada puede indicar frustración o enfado.
- Un aleteo en el estómago puede ser señal de ansiedad o excitación.
- Los hombros caídos pueden rechazar la tristeza o la derrota.

Tómate un momento a lo largo del día para estar contigo mismo: ¿Qué siento en este momento? ¿Dónde lo siento en mi cuerpo? Esta práctica te ayuda a ser más consciente de ti mismo y a comprender mejor tus desencadenantes y patrones emocionales.

Comprender el impacto emocional

Tus emociones no existen en el vacío; influyen en tus comportamientos e interacciones. Reflexionar sobre cómo tus sentimientos afectan a tus acciones es un componente clave de la Inteligencia Emocional. Pregúntatelo a ti mismo:

- ¿Cómo impulsa esta emoción mis decisiones?
- ¿Reacciono de forma coherente con mis valores y objetivos?

Por ejemplo, si se siente ansioso por una conversación que va a mantener, es posible que la evite por completo. Sin embargo, reconocer que la ansiedad está dirigiendo tu comportamiento te da el poder de hacer una pausa, reflexionar y enfocar la situación de otra manera.

Elemento interactivo: Diario de autoconciencia

Desarrolle el hábito de observar y comprender sus patrones emocionales.

- **Paso 1: Registra tus emociones.** Al final de cada día, anota las emociones más fuertes que hayas experimentado. ¿Qué las desencadenó? ¿Cómo has respondido?
- **Paso 2: Reflexiona sobre las pautas.** Revisa tus entradas al final de la semana. ¿Hay emociones o desencadenantes recurrentes? ¿Cómo influyen estos patrones en tus acciones?
- **Paso 3: Reformular las respuestas.** Elige una emoción recurrente y piensa en formas alternativas de responder la próxima vez que surja. Por ejemplo:
    - **Emoción:** Frustración en el trabajo.
    - **Respuesta:** Da un pequeño paseo o respira hondo antes de abordar el tema.

Técnicas prácticas de conciencia interior

1. **Haz una pausa y reflexiona.** Antes de reaccionar, respira hondo y pregúntate: "¿Qué estoy sintiendo y por qué?".
2. **Ponle nombre para domarla.** Etiqueta tus emociones para reducir su intensidad. Por ejemplo, "Me siento abrumado" en lugar de "Todo se desmorona".
3. **Haz una exploración corporal.** Dedica unos minutos a observar las sensaciones físicas de tu cuerpo. Esta práctica te ayuda a reconocer y liberar tensiones vinculadas a estados emocionales.

Ejercicio de Escaneo Corporal: Guía paso a paso

Propósito: Aumentar la conciencia de las sensaciones físicas y los estados emocionales para fomentar la calma y la claridad.

1. **Busca un lugar tranquilo.** Siéntate o túmbate en una posición cómoda donde no te molesten.
2. **Cierre los ojos.** Respira hondo varias veces, inhalando profundamente y exhalando despacio.
3. **Concéntrate en tus pies**. Empieza dirigiendo tu atención a los pies. Observa cualquier sensación: calor, frío, presión u hormigueo. Si no hay ninguna sensación, tampoco pasa nada.
4. **Desplázate hacia arriba.** Desplaza gradualmente la atención a cada parte del cuerpo, desde los pies hasta las piernas, las caderas, el abdomen, el pecho, los brazos, las manos, los hombros, el cuello y la cabeza. Dedica entre 10 y 15 segundos a cada zona.

5. **Observa la tensión.** Mientras te concentras en cada parte del cuerpo, observa las zonas de tensión o incomodidad. Visualiza que envías tu respiración a esas zonas, liberando la tensión con cada exhalación.
6. **Vuelve a la respiración.** Una vez que hayas explorado todo tu cuerpo, respira hondo varias veces. Observa cómo te sientes en comparación con cuando empezaste.
7. **Reflexiona.** Tómate un momento para reflexionar sobre la experiencia. ¿Hubo zonas de tensión que no habías notado antes? ¿Te ha ayudado a sentirte más enraizado o consciente?

Al cultivar la inteligencia emocional, creas una base más sólida para el autodominio. Este viaje no consiste en reprimir las emociones, sino en aprender a comprenderlas y manejarlas con elegancia. A medida que fortalezcas tu conciencia, te resultará más fácil afrontar los retos con calma y claridad, enriqueciendo tanto tu mundo interior como tus relaciones.

Desencadenantes emocionales: Reconocer y comprender tus patrones

A todos nos ha pasado: un comentario fuera de lugar o un cambio de tono que desencadena una oleada de emociones inesperadas. Los desencadenantes emocionales son potentes recordatorios de experiencias no resueltas, a menudo ligadas a temores más profundos de rechazo, abandono o inadecuación. Reconocer estos desencadenantes es el primer paso para dominarlos.

¿Qué son los desencadenantes emocionales?

Los desencadenantes emocionales son reacciones intensas a acontecimientos externos que despiertan sentimientos no resueltos. Aunque puedan parecer ligadas al presente, estas reacciones suelen ser el eco de necesidades o temores no satisfechos del pasado. Por ejemplo, el silencio de una pareja puede evocar los mismos sentimientos de abandono experimentados en la infancia. Estos desencadenantes actúan como recordatorios de heridas emocionales, arrastrándole a un ciclo de pensamientos y comportamientos reactivos.

El papel de los desencadenantes en las relaciones

En las relaciones, los desencadenantes emocionales pueden crear malentendidos y tensiones si no se controlan. Un mensaje de texto perdido no sólo puede parecer un olvido, sino que puede despertar el miedo a ser ignorado o a no ser importante. Reconocer la conexión entre tus reacciones pasadas y actuales te permite desenredar estos hilos emocionales y responder con más claridad.

La historia de Jayne: Desembalando el pasado

Jayne a menudo se ponía nerviosa cuando su novio, Steve, no respondía a su mensaje de buenos días. Su mente se sumergía en el peor de los escenarios, imaginando que estaba enfadado o que había perdido el interés. Cuando Steve respondía horas más tarde, Jayne ya se había convencido de que la estaba abandonando. Este ciclo la dejaba exhausta y avergonzada de su necesidad.

A través de un diario, Jayne rastreó su reacción a un recuerdo de la infancia, cuando esperaba a que sus padres la recogieran del colegio. El miedo y la incertidumbre que sintió entonces resurgieron en sus relaciones adultas. Al darse cuenta de esta conexión, Jayne empezó a practicar la atención plena, haciendo pausas para respirar y conectarse con la tierra cuando surgía la ansiedad. También compartió sus sentimientos con Steve, que accedió a enviarle un mensaje rápido de "pensando en ti" cuando estaba ocupado. Con el tiempo, Jayne aprendió a confiar no sólo en Steve, sino también en sí misma, separando sus heridas del pasado de su relación actual.

Estrategias prácticas para gestionar los desencadenantes

Liberarse de los desencadenantes emocionales requiere una acción intencionada. Empieza por identificar los desencadenantes y sus causas subyacentes. Cuando notes que se produce una reacción, haz una pausa y utiliza técnicas de atención plena, como la respiración concentrada o los ejercicios de enraizamiento. Llevar un diario puede ayudarte a exteriorizar tus pensamientos y aclararte qué está impulsando tus emociones.

La comunicación abierta es otra herramienta poderosa. Compartir tus desencadenantes con tus seres queridos les permite apoyarte mejor y reduce los malentendidos. Por ejemplo, si la crítica es un desencadenante sensible, haz saber a tu pareja que el refuerzo positivo te ayuda a sentirte seguro durante las conversaciones difíciles. Esta franqueza fomenta la confianza y la colaboración en tus relaciones.

Elemento interactivo: Mapa de los desencadenantes emocionales

Tómese un momento para reflexionar sobre un caso reciente en el que se haya sentido emocionalmente provocado. Utiliza este marco para analizar tu reacción:

- **Acontecimiento:** ¿Qué ocurrió? Escríbelo detalladamente.
- **Emoción:** Nombra los sentimientos que experimentaste (por ejemplo, ansiedad, frustración).
- **Reacción:** Describe tu reacción inmediata: ¿te retiraste, arremetiste contra alguien o buscaste consuelo?
- **Causa raíz:** Identifica el miedo o recuerdo más profundo vinculado a este suceso (por ejemplo, miedo al abandono desde la infancia).
- **Respuesta más saludable:** Escribe una acción alternativa que podrías llevar a cabo la próxima vez (por ejemplo, hacer una pausa, respirar y recordar el contexto actual).

Enlace al diario de autoconciencia: Utiliza la información de tus anotaciones diarias para perfeccionar este ejercicio con el tiempo.

Técnicas de regulación: Herramientas para calmar la tormenta

Cuando las emociones están a flor de piel, uno puede sentirse atrapado en una tormenta sin puerto seguro. Las técnicas de regulación emocional son tu ancla, te ayudan a recuperar el control y a navegar por esas aguas turbulentas con claridad y serenidad. Estas herramientas no consisten en reprimir las emociones, sino en gestionarlas para fomentar el equilibrio y la resiliencia.

Por qué es importante la regulación emocional

Las emociones no reguladas pueden provocar reacciones impulsivas, relaciones tensas y estrés prolongado. Aprender a regular las emociones da lugar a respuestas reflexivas en lugar de reacciones instintivas. Esto mejora tu bienestar y refuerza tus vínculos con los demás al abordar los retos con empatía y paciencia.

Técnicas clave para la regulación emocional

1. **Reestructuración cognitiva: Cambiar de perspectiva**
    - Cuando se enfrente a emociones abrumadoras, pregúntese:
        - "¿Qué pruebas apoyan este pensamiento?"
        - "¿Hay otra forma de ver esta situación?"
    - Por ejemplo, imagina esta escena: Estás celebrando una pequeña reunión en casa y un amigo que prometió llegar pronto aún no ha aparecido. Tu primer pensamiento podría ser: "está enfadado conmigo o no le importan lo suficiente mis planes". Esta interpretación alimenta la ansiedad y puede enturbiar tu estado de ánimo durante toda la velada. Si te detienes a considerar explicaciones alternativas, puedes pensar: "El tráfico puede estar muy denso o les ha surgido algo inesperado". Este cambio de perspectiva reduce tu estrés inmediato y te permite disfrutar del momento en lugar de obsesionarte con suposiciones.
2. **Relajación muscular progresiva: Liberación de la tensión física**
    - La práctica de tensar y destensar secuencialmente los músculos del cuerpo puede ser una herramienta muy

eficaz. Consulta el capítulo 2 para saber cómo realizar este ejercicio.

3. **Visualización: Cómo encontrar la calma**
   - Cierra los ojos e imagina una escena tranquila, como un bosque, una playa o un prado. Concéntrate en los detalles: ¿qué oyes, ves y sientes? Esta evasión mental puede ayudarte a mantener la calma en momentos de estrés.
4. **Respiración en caja: conectar con el presente**
   - Inhala profundamente contando hasta cuatro, aguanta la respiración durante cuatro, exhala durante cuatro y haz una pausa de cuatro. Repite este ciclo varias veces para reducir la ansiedad y centrarte.
5. **Etiquetado de emociones: Poner nombre a la tormenta**
   - El simple hecho de nombrar la emoción - "*me siento frustrado*", "*me siento* ansioso"- puede reducir su intensidad. Al reconocer tus sentimientos, creas distancia entre tú y la emoción, lo que facilita su gestión.

Elemento interactivo: Creación de herramientas de regulación

Identificar técnicas para gestionar las emociones fuertes y practicarlas con constancia.

- **Paso 1: Identifique las técnicas a las que puede recurrir.** Reflexione sobre las técnicas de regulación facilitadas anteriormente (por ejemplo, respiración profunda, relajación muscular progresiva). ¿Cuáles te suenan más? Escríbelas en un diario o guárdalas en una nota de tu teléfono para tenerlas a mano.

- **Paso 2: Haga un seguimiento de sus desencadenantes.** Durante la próxima semana, anota las situaciones que desencadenan emociones fuertes. ¿Qué técnica de regulación utilizó? ¿Cómo le ha ayudado? Si no te ha ayudado, prueba con otra.
- **Paso 3: Construye una rutina.** Incorpora una técnica de regulación a tu vida diaria. Por ejemplo:
  - Practique la relajación muscular progresiva antes de acostarse.
  - Utiliza la respiración de caja antes de una reunión o conversación difícil.

De la reacción a la respuesta

El camino hacia la regulación emocional no consiste en alcanzar la perfección, sino en cultivar la conciencia y la intención. Con estas herramientas, puedes pasar de dejarte arrastrar por tus emociones a dirigirlas en una dirección constructiva. Este cambio te permite afrontar los retos con calma y claridad, fomentando unas relaciones más sanas y una vida más equilibrada.

Resiliencia emocional: Reponerse a los contratiempos

La resiliencia es la fuerza silenciosa que te ayuda a superar los retos inevitables de la vida. No se trata de evitar el dolor o fingir que todo va bien, sino de reconocer las dificultades, aprender de ellas y seguir adelante con una claridad renovada. La resiliencia emocional te permite doblarte sin romperte, absorber los golpes del rechazo y la pérdida, y salir fortalecido y más sabio.

Comprender la resiliencia emocional

La resiliencia no significa ignorar o reprimir las emociones. Es la capacidad de afrontar sentimientos complicados, procesarlos de forma constructiva y encontrar maneras de recuperarse. En esencia, la resiliencia es una mezcla de autoconciencia, optimismo y adaptabilidad. Implica comprender que los reveses y los fracasos no son permanentes: forman parte de la experiencia humana y son oportunidades para crecer.

Convertir los reveses en trampolines

Reencuadrar los retos es un componente clave de la resiliencia. En lugar de ver el rechazo como un fracaso, puedes verlo como una retroalimentación, un peldaño más. Por ejemplo, supongamos que acabas de recibir una crítica en el trabajo. En lugar de interiorizarlas como un reflejo de tu valía, la resiliencia te permite preguntarte: "*¿Qué puedo aprender de esto*?". Este cambio de perspectiva transforma los contratiempos en valiosas experiencias de aprendizaje.

Desvincular la autoestima de los resultados externos

Las personas resilientes entienden que su valor no está ligado a los logros o a la validación externa. Cultivan un fuerte sentimiento interno de valía que se mantiene firme a pesar del rechazo o la pérdida. Esta mentalidad implica aceptar la imperfección y reconocer que los errores son oportunidades de crecimiento, no indicadores de fracaso.

Caja de herramientas para la resiliencia

La resiliencia es una habilidad que puedes desarrollar con práctica e intención. Aquí tienes algunas herramientas prácticas para reforzar tu capacidad de recuperación:

1. **Reformule los pensamientos negativos.** Practica la identificación de pensamientos inútiles y sustitúyelos por otros constructivos. Por ejemplo, en lugar de pensar: "*Nunca tendré éxito en esto*", prueba con: "*Esto es un reto, pero puedo aprender y mejorar*".
2. **Fomente el optimismo.** Céntrate en lo positivo, incluso en situaciones difíciles. Reflexiona sobre lo que agradeces o lo que te ha enseñado la experiencia.
3. **Desarrollar habilidades de resolución de problemas.** Divida los retos en pasos manejables. Este planteamiento reduce el agobio y te da sensación de control.
4. **Practica la autocompasión.** Trátate a ti mismo con la amabilidad que ofrecerías a un amigo. Reconoce tu dolor sin juzgarte y recuérdate que los contratiempos forman parte del crecimiento.

Elemento interactivo: Elabora tu hoja de ruta hacia la resiliencia

Reflexione sobre un contratiempo o rechazo reciente. Sigue estos pasos para crear tu hoja de ruta personal para la resiliencia:

- **Describe el acontecimiento.** Escribe lo que pasó, cómo te hizo sentir y por qué fue importante para ti.

- **Identifica las lecciones.** ¿Qué puedes aprender de esta experiencia? ¿Existen pautas o hábitos que puedas modificar para obtener mejores resultados en el futuro?
- **Planifica tus próximos pasos.** Enumera pasos pequeños y factibles para seguir adelante. Por ejemplo, si el contratiempo tiene que ver con una relación tensa, un paso podría ser iniciar una conversación sincera o buscar el apoyo de un amigo de confianza.
- **Comprométete a cuidarte.** Esboza formas específicas de cuidarte durante este tiempo, como escribir un diario, meditar o pasar tiempo con tus seres queridos.

Adoptar la resiliencia como un viaje de por vida

Desarrollar la resiliencia no consiste en llegar a un destino final; es un proceso continuo de crecimiento y adaptación. Cada reto al que te enfrentas añade otra capa a tu fortaleza emocional. Al cultivar la resiliencia, mejoras tu capacidad para afrontar las dificultades de la vida y te abres a conexiones más profundas y a una mayor plenitud.

Autovalidación: Sustituir la seguridad externa por la interna

La autovalidación consiste en reconocer tus sentimientos, tus logros y tu valía sin depender de fuentes externas. Es la práctica de volverse hacia uno mismo en busca de afirmación, comprendiendo que tu valor no depende de las opiniones o acciones de los demás.

El deseo de validación externa puede ser abrumador. Puede que busques constantemente el consuelo de tu pareja, un amigo o un colega, con la esperanza de que su aprobación acalle tus dudas. Aunque la afirmación externa puede reconfortarte momentáneamente, a menudo deja un vacío cuando ya no está disponible. Este ciclo puede hacer que te sientas ansioso y desconectado de tu fuerza interior.

La autovalidación rompe este patrón ayudándote a reconocer tus emociones y experiencias como válidas, independientemente de la retroalimentación externa. No se trata de negar el valor del apoyo de los demás, sino de crear una base de autoestima que no se desmorone en su ausencia.

Por qué es importante la autovalidación

Cuando dependes de la validación externa, otorgas a otros el control sobre tu bienestar emocional. La autovalidación le permite recuperar ese control. Al reafirmar tus sentimientos y experiencias, refuerzas tu resistencia emocional y desarrollas una mayor seguridad en ti mismo. Esta práctica fomenta la confianza y la independencia, permitiéndote abordar las relaciones con una mayor sensación de seguridad y respeto mutuo.

Pasos prácticos para cultivar la autovalidación

1. **Reconozca sus emociones sin juzgarlas**
   - Practica nombrar tus sentimientos a medida que surgen: "Me siento decepcionado", "Me siento emocionado" o "Me siento frustrado". Este reconocimiento te ayuda a conectar con tu estado emocional y a normalizar tus experiencias.

- En lugar de etiquetar las emociones como "buenas" o "malas", intenta verlas como respuestas naturales a tus circunstancias.

2. **Desafíe a su crítico interior**
   - Date cuenta de cuándo surgen pensamientos autocríticos, como "No soy lo bastante bueno", "Soy un idiota" o "Siempre meto la pata". Contrarresta estos pensamientos con una autoconversación compasiva del tipo: "Estoy aprendiendo y creciendo, y eso está bien".
   - Recuérdese a sí mismo que todo el mundo comete errores y que la imperfección forma parte del ser humano.
3. **Celebre sus logros, grandes y pequeños**
   - Lleve un diario de celebraciones en el que anote las victorias diarias, por pequeñas que sean. Por ejemplo, completar una tarea, superar un miedo o simplemente dedicar tiempo al cuidado personal.
   - Reflexione periódicamente sobre sus logros para sentirse orgulloso y reconocido
4. **Utiliza afirmaciones para ganar confianza**
   - Cree un guión de autovalidación adaptado a sus necesidades. Por ejemplo:
     - "Estoy orgulloso de mí mismo por haber mantenido la calma durante esa difícil conversación".
     - "Soy suficiente, tal como soy".
   - Repite estas afirmaciones a diario, sobre todo en los momentos de duda.
5. **Practicar la regulación emocional**
   - Utiliza técnicas como la respiración profunda o la atención plena para enraizarte cuando la búsqueda

de validación externa te resulte abrumadora. Esto te ayudará a volver a la seguridad en ti mismo y a la calma.

Elemento interactivo: Escribir el guión de autovalidación

Desarrolle el hábito de validar sus propias emociones y experiencias.

- **Reflexiona sobre un momento reciente de duda.** Escribe una situación en la que hayas buscado la validación de otra persona. ¿Qué esperabas oír? ¿Qué emociones te provocó?
- **Reformula la situación.** En lugar de centrarte en lo que necesitas de la otra persona, piensa en lo que podrías decirte a ti mismo en ese momento. Por ejemplo:
    - En lugar de necesitar que alguien te diga: "Has hecho un gran trabajo", dite a ti mismo: "He trabajado duro en esto y estoy orgulloso de mi esfuerzo".
- **Elabora tu personalizado.** Utiliza un lenguaje afirmativo para crear un guión al que puedas recurrir los momentos difíciles. Por ejemplo:
    - "Hago honor a mis sentimientos y confío en mis instintos".
    - "Mi valía no la definen las opiniones de los demás".
    - "Soy capaz, resistente y merecedor de amor y respeto".

Reflexiones finales

La autovalidación no significa dejar de lado a los demás; se trata de construir un diálogo interior que te apoye y te eleve. Esta práctica transforma tu forma de relacionarte con los demás, fomentando conexiones más profundas y auténticas. Al confiar en tu propia valía, abres la puerta a relaciones basadas en el respeto mutuo y la vulnerabilidad compartida, en lugar del miedo o la dependencia.

CUATRO

La Fuerza Interiortro

EL ARTE DE LA AUTOESTIMA Y LA AUTOCOMPRESIÓN

> *Tú mismo, tanto como cualquiera en el universo entero, mereces tu amor y tu afecto.*
>
> Buda

Los cimientos de la autoestima: Construir un sentido seguro de uno mismo

La autoestima es la base esencial para establecer vínculos seguros y relaciones sanas. Representa la creencia en tu valor inherente, merecedor de amor, respeto y amabilidad, no por tus logros, sino simplemente por ser quien eres. Un fuerte sentimiento de autoestima ancla tu identidad y te protege de la influencia de la validación externa.

Si los cuidadores no fueron constantes o las experiencias de abandono, crítica o trauma fueron la norma, los cimientos se debilitan, dejando tras de sí grietas de duda e inseguridad. Estas grietas se manifiestan como creencias negativas en uno mismo y una dependencia de la validación externa para sentirse "suficientemente bueno".

Reconstruir los cimientos de tu autoestima empieza por comprender que tu valor no está ligado a logros externos ni a la opinión de los demás. Por el contrario, es intrínseco, como la luz constante de un faro que te guía a casa. No necesitas demostrar tu valía; ya está ahí, esperando a que la aceptes.

Pasos prácticos para reforzar la autoestima

1. **Practica la autoaceptación.** Reconoce que la imperfección forma parte del ser humano. Acepta tus defectos y tus virtudes.
    - **Prueba esta afirmación:** "Soy suficiente tal como soy".
2. **Establece límites intencionados.** Protege tu energía emocional estableciendo límites en tus relaciones. Al dar prioridad a tu bienestar, afirmas tu valía.
3. **Reflexiona sobre tus valores.** Identifica los rasgos y principios que admiras en ti, como la bondad, la resistencia o la honradez. Estas son las piedras angulares de tu autoestima.
4. **Rodéate de personas que te apoyen.** Busca relaciones que te animen y te reafirmen en lugar de minar tu confianza.

Elemento interactivo: Construir los cimientos

Tómate unos minutos para escribir tres cosas que valores de ti mismo. Pueden ser cualidades, habilidades o incluso pequeños hábitos de los que te sientas orgulloso. Reflexiona sobre cómo estos rasgos contribuyen a tu vida y a tus relaciones.

- **Seguimiento:** Si tienes dificultades con el tipo tres, pide a un amigo de confianza o a un ser querido que te dé su punto de vista.
- **Recordatorio visual:** Guarda esta lista en un lugar visible para recordar tu valor intrínseco. Revísala cuando te asalten las dudas.

Reescribiendo tu narrativa interior: Cómo superar las creencias negativas

Nuestras narrativas internas son como las historias que nos contamos a nosotros mismos sobre quiénes somos. Para muchos, estas historias están moldeadas por experiencias pasadas, a menudo escritas con la tinta de la crítica, el rechazo o las expectativas no cumplidas. Con el tiempo, estas historias pueden convertirse en creencias profundamente arraigadas en nosotros, que influyen en nuestra forma de vernos a nosotros mismos y de interactuar con el mundo. Frases como "soy una persona terrible" o "no puedo hacer nada bien" se convierten en guiones predeterminados que nos impiden crecer y conectar.

Pero esta es la verdad: tu narrativa no está grabada en piedra. Tienes el poder de reescribirla.

Reconocer las creencias negativas

El primer paso para cambiar tu narrativa interior es identificar las creencias negativas que la impulsan. Estas creencias suelen esconderse en pensamientos y reacciones cotidianas, como:

- Asumir que un cumplido no es genuino.
- Disculparse en exceso, incluso cuando no es necesario.
- Evitar oportunidades por miedo al fracaso.

Estos pensamientos actúan como barricadas que te impiden desarrollar todo tu potencial.

Desafiar la narrativa

Una vez que reconozcas una creencia negativa, el siguiente paso es cuestionar su validez. Pregúntese a sí mismo:

- ¿Qué pruebas apoyan esta creencia?
- ¿Le diría esto a un ser querido o le ofrecería compasión en su lugar?
- ¿Hay alguna perspectiva más amable y realista que pueda adoptar?

Al cuestionar estas creencias, empiezas a aflojar su control.

Creación de un nuevo guión

Sustituir las creencias negativas por otras fortalecedoras es una parte esencial de la reescritura de tu narrativa. Por ejemplo:

- Sustituye "no soy bueno en nada" por "aprendo y mejoro cada día".
- Cambia "siempre fracaso" por "soy resiliente y cada contratiempo me enseña algo valioso".

Las afirmaciones pueden ser herramientas poderosas para reforzar este nuevo guión. Repite frases como:

- "Soy digno de amor, respeto y aprecio".
- "Soy capaz y merezco el éxito".
- "Mi valía no está ligada a mis logros".

Reflexión y acción

Para empezar a reescribir tu propia narrativa:

1. **Identifica** una creencia negativa que tengas en ti mismo. Escríbela.
2. **Cuestione** su validez con las preguntas enumeradas anteriormente.
3. **Conviértelo** en una afirmación positiva y fortalecedora. Repítelo a diario.
4. **Registra** los momentos en los que tu nueva creencia se alinea con tus acciones para reforzar tu progreso.

Reescribir tu narrativa interior requiere tiempo y paciencia, pero uno de los pasos más transformadores hacia la autoestima. A medida que desafías y sustituyes viejas creencias, creas espacio para una historia que celebra tus puntos fuertes y honra tu crecimiento. Recuerda que tú eres el autor de tu vida: escribe una historia que refleje la increíble persona que realmente eres.

Reconocer y acallar al crítico interior

El crítico interior es esa voz molesta en tu mente que te susurra dudas y amplifica tus inseguridades. Se alimenta de la comparación, el autojuicio y el perfeccionismo; te frena, minando tu autoestima y tu confianza. Reconocer y acallar esta voz es vital para cultivar la autocompasión y la resiliencia emocional.

Comprender al crítico interior

La crítica interior suele tener su origen en experiencias pasadas. Puede hacerse eco de las voces críticas de padres, profesores o compañeros. Estos juicios externos se interiorizan, formando un bucle de autoconversación negativa. El objetivo del crítico puede parecer protector: evitar el fracaso o el rechazo, pero sus métodos suelen ser duros y contraproducentes.

Estrategias para acallar al crítico interior

1. **Sé consciente sin juzgar.** El primer paso es reconocer cuándo habla tu crítico interior. Presta atención a los pensamientos que empiezan con frases como "Debería haberlo hecho" o "Por qué nunca puedo". En lugar de reprenderte por estos pensamientos, acércate a ellos con curiosidad. Pregúntate: "¿De dónde viene este pensamiento?".
2. **Ponle nombre a tu crítico interior.** Ponerle un nombre a tu crítico interior puede ayudarte a distanciarte de su voz. Por ejemplo, puedes llamarlo "Judgy Joan" o "Negative Nick". Esta práctica te recuerda que el crítico no es tu verdadero yo, sino una parte de ti que se puede controlar.
3. **Reformule las críticas.** Desafía las palabras del crítico transformándolas en afirmaciones constructivas y compasivas. Por ejemplo:
   - **Crítico interior:** "Eres un vago; nunca lo conseguirás".
   - **Reformula:** "Me siento abrumado, pero puedo dar un pequeño paso para empezar".

4. **Practica la autocompasión.** Sustituye la dureza del crítico por amabilidad. Piensa en cómo apoyarías a un amigo que se enfrenta a la misma situación. Háblate a ti mismo con la misma calidez y comprensión.

Jake: Silenciar al crítico interior

Jake siempre había sido su peor crítico. Después de una gran presentación, se sentaba en su mesa y repasaba mentalmente cada momento, fijándose en la diapositiva con la que se había tropezado. A pesar de los comentarios positivos que recibía de sus compañeros, como "¡Buen trabajo, Jake!" y "¡Tus puntos han sido realmente convincentes!" - lo único que oía era a su crítico interior, al que más tarde llamó "Pete el Perfeccionista".

La voz de Pete era implacable: "¿Por qué no ensayaste más? Has hecho el ridículo ahí arriba. Seguro que todos están hablando de lo poco preparado que parecías". Los pensamientos se dispararon mientras Jake se imaginaba a su jefe arrepintiéndose de haberle asignado la tarea.

Esa noche, Jake no podía quitarse de encima la sensación de fracaso. Mientras preparaba la cena, quemó distraídamente la pasta, lo que hizo que Pete se sobresaltara: "¿En serio? Ni siquiera puedes hervir pasta en . ¿Qué te pasa?". Agotado y frustrado, Jake se sentó y reflexionó sobre lo que estaba pasando.

Empezó a escribir en su diario la dureza de las palabras de Pete. Era como ventilar una habitación después de una tormenta. Cuando Jake releyó sus notas, pudo ver lo injusta y exagerada que era la voz del crítico. "Pete intenta protegerme de las críticas", escribió Jake, "pero está siendo demasiado duro. La verdad es que trabajé duro en esa presentación, y un tropiezo no define su éxito".

Jake también enumeró los momentos positivos del día y, poco a poco, empezó a sentirse más ligero.

Al día siguiente, el jefe de Jake felicitó a Jake por la presentación y destacó la eficacia con la que había preparado el terreno para su siguiente proyecto. Pete seguía murmurando en el fondo de la mente de Jake, pero su voz era más tranquila. En lugar de concentrarse en sus miedos, Jake se centró en lo que había aprendido.

Gracias a pequeños pero constantes esfuerzos, Jake fue adquiriendo más confianza y resistencia. Pete no había desaparecido del todo, pero su voz ya no controlaba la narración. En su lugar, la voz interior de autocompasión y ánimo de Jake había empezado a tomar la iniciativa.

Ejercicio de reflexión: Diálogo con el crítico interior

Toma conciencia de tu crítico interior y practica la reformulación de sus mensajes.

- **Paso 1: Identifique la voz del crítico.** Escribe un pensamiento o una situación reciente en la que tu crítico interior haya estado activo.
- **Paso 2: Ponle nombre al crítico.** Dale un nombre que te parezca apropiado (por ejemplo, “El perfeccionista” o “El dudoso”).
- **Paso 3: Reformule su mensaje.** Reescribe el pensamiento como una afirmación compasiva y constructiva.
- **Paso 4: Refuérzalo de forma positiva:** Anota una cosa que hayas hecho bien en la situación, por pequeña que sea.

Puede que el crítico interior siempre parte de tu mente, pero no tiene por qué dominar tu narrativa. Recupera el control reconociendo su voz, reformulando sus mensajes y sustituyéndolos por la autocompasión. Con el tiempo, el crítico se calla y tu voz auténtica y segura emerge con más fuerza que nunca. Recuerda: tú no eres tu crítico interior y tienes el poder de superarlo.

Celebrar las pequeñas victorias: Construir un circuito de retroalimentación positiva

Cuando la vida parece abrumadora, la idea de superarse puede parecer insuperable. Sin embargo, el verdadero crecimiento suele comenzar con pequeños pasos constantes. Celebrar las pequeñas victorias consiste en reconocer y apreciar estos pasos, por pequeños que parezcan. Cada logro crea impulso y refuerza la creencia de que el cambio es posible.

En lugar de intentar dominar el establecimiento de límites de la noche a la mañana, plantéate valorar las pequeñas victorias de decir "no". Por ejemplo, tal vez rechazaste una invitación cuando necesitabas descansar o expresaste una preferencia durante una discusión en grupo. Estos pequeños logros sientan las bases de logros mayores, generando un bucle de retroalimentación positiva que fomenta un mayor crecimiento.

Por qué importan las pequeñas victorias

Las pequeñas victorias crean una sensación de progreso, que es esencial para fomentar la autoestima y la resiliencia. Cada logro envía un mensaje a tu cerebro: "Puedo hacerlo". Con el tiempo, estas afirmaciones remodelan tu autopercepción, sustituyendo la duda por la confianza.

Los psicólogos han estudiado a fondo el "principio de progreso", que sugiere que incluso los logros menores pueden aumentar enormemente la motivación y la satisfacción general. Reconocer las pequeñas victorias refuerza la mentalidad de crecimiento, que encarna la creencia en la capacidad de cambio y mejora. Esta estrategia desplaza la atención de las tareas incompletas a los logros pasados, fomentando la gratitud y un sentimiento de empoderamiento. Además, una mentalidad de crecimiento puede reforzar la resiliencia motivándote a percibir los retos como oportunidades de crecimiento personal. Acepte los fracasos como valiosos momentos de aprendizaje y no como reveses. Cada paso en falso ofrece la oportunidad de aprender, perfeccionar los métodos y volver a intentarlo.

Consejos prácticos para celebrar las pequeñas victorias

1. **Lleva un diario de victorias.** Dedica un cuaderno a apuntar tus victorias diarias, por pequeñas que sean. Escribir "hoy he bebido suficiente agua" o "he enviado ese difícil correo electrónico" refuerza el positivismo y el progreso.
2. **Crea un ritual.** Encuentra una forma de celebrar tus logros. Puede ser algo tan sencillo como regalarte un tentempié favorito o tomarte un momento para reflexionar y decir: "Estoy orgulloso de mí mismo".
3. **Comparte tus triunfos.** Comparte tus progresos con un amigo de confianza o un ser querido. Su aliento puede amplificar tu sensación de logro.
4. **Visualiza tus progresos.** Utiliza un gráfico, una aplicación o un rastreador de hábitos para marcar tus éxitos visualmente. Ver crecer tu racha puede ser una poderosa motivación.

Elemento interactivo: Su Diario de la Victoria

Cultiva el hábito de reconocer tus logros, por pequeños que sean.

Reflexiona sobre tu día o tu semana y anota tres pequeñas victorias.

- **Sugerencias**:
  - Cuál fue el logro.
  - Cómo te hizo sentir.
  - Cómo aprovechar este .
- **Afirmación:** Termina la sesión escribiendo una afirmación, por ejemplo
  - "Soy capaz de alcanzar mis objetivos, paso a paso".
  - "Cada pequeña victoria me acerca más a donde quiero estar".
  - "No he llegado hasta aquí sólo para llegar aquí".

Celebrar las pequeñas victorias es más que una estrategia de motivación: es una práctica de autocompasión y reconocimiento. Al reconocer tus progresos, creas un ciclo positivo de crecimiento y resistencia. Deja que cada victoria, por pequeña que sea, te recuerde tu fuerza y tu potencial, y allanará el camino hacia una transformación duradera.

Liberarse: Encontrar la validación en

Confiar en la validación externa puede ser como perseguir un espejismo: no importa cuánto consigas o cuántos cumplidos recibas, la sensación de valía sigue siendo efímera. La verdadera validación, la que te ancla, debe venir de dentro. Se trata de reconocer tu valor inherente, independientemente de las opiniones o la aprobación de los demás.

La trampa de la validación externa

Buscar la validación de los demás a menudo surge de una necesidad muy arraigada de aceptación y pertenencia, pero confiar demasiado en ello puede llevarnos a una montaña rusa de emociones. Los elogios te elevan, pero las críticas o la indiferencia pueden hacerte caer en espiral. Esta dependencia crea una base inestable para la autoestima, dejándote vulnerable a las circunstancias externas.

Imagínese a alguien navegando por las redes sociales, buscando obsesivamente "me gusta" en una publicación. Cada notificación aporta un breve momento de satisfacción, pero el vacío vuelve rápidamente. Este ciclo refleja cómo la validación externa, aunque gratificante en el momento, no puede sostener un sentimiento duradero de autoestima.

El camino hacia la validación interna

La validación interna empieza por reconocer y afirmar tu valía, independientemente de las influencias externas. Se trata de cultivar una relación contigo mismo basada en el respeto, la amabilidad y la aceptación.

1. **Practica la autoafirmación**. Empieza cada día afirmando tus puntos fuertes y tus valores. Por ejemplo, di: "Soy suficiente" o "Soy merecedor de la felicidad y el éxito".
2. **Establezca puntos de referencia personales**. Desplaza tu atención de las expectativas de los demás a tus propios objetivos. Celebra los progresos basándote en lo que te importa a ti, no en lo que impresiona a los demás.

3. **Adopte la autorreflexión.** Tómate tiempo para reflexionar sobre tus logros, retos y crecimiento. Reconoce el esfuerzo y la resistencia que has demostrado, incluso en los momentos difíciles.

El avance de Antonio

Antonio siempre había sido el tipo de persona a la que le encantaba el reconocimiento. En el trabajo, se quedaba hasta tarde, se encargaba de proyectos extra y buscaba constantemente la aprobación de su jefe. Aunque a menudo recibía elogios, se sentía cada vez más agotado e insatisfecho. Un día, tras una intensa revisión de su rendimiento centrada en pequeñas críticas, Antonio se sintió destrozado. Se dio cuenta de que había estado vinculando su autoestima exclusivamente a las opiniones de los demás.

Decidido a cambiar, Antonio recurrió a las prácticas de atención plena. Cada mañana, dedicaba 10 minutos a concentrarse en su respiración y repetir una sencilla afirmación: "Soy suficiente, tal como soy". Esta práctica le ayudó a crear una sensación de calma y centrado antes de empezar el día.

Antonio también empezó a utilizar un "tarro del éxito" en casa. Cada noche, escribía en un papelito un logro o un esfuerzo positivo que hubiera hecho ese día -como ayudar a un compañero o enfrentarse a una tarea difícil- y lo metía en el tarro. Poco a poco, el tarro se fue llenando de recordatorios de su crecimiento y dedicación. En los días difíciles, Antonio volvía a consultar esas notas para reforzar su validación interna.

Estas sencillas prácticas ayudaron a Antonio a cambiar su enfoque de los elogios externos a la satisfacción interna, y descubrió que su estado de ánimo ya no dependía de los comentarios de su jefe. En su lugar, se sintió más enraizado, motivado por sus propios criterios más que por la aprobación de los demás, y descubrió que honrando sus esfuerzos y adoptando la atención plena, podía liberarse del ciclo de validación externa.

Elemento interactivo: Elabore su guión de validación

Practica la validación desde dentro en lugar de buscarla externamente.

- **Paso 1: Reflexione sobre la validación externa.** Piensa en momentos en los que buscaste la validación de otros. ¿Qué esperabas oír y por qué?
- **Paso 2: Escribir un script de validación.** Cree un script que proporcione la misma validación desde dentro. Por ejemplo
    - "Estoy orgulloso del duro trabajo que invertí en ese proyecto. Mi esfuerzo importa, aunque no siempre se reconozca".
    - "Valoro mi propia opinión sobre mis elecciones. Confío en mí mismo para saber qué es lo mejor para mí".
- **Paso 3: Mantenlo visible.** Coloca el guión en un lugar donde lo veas a diario, como el espejo, la nevera o el teléfono.

Liberarse de la dependencia de la validación externa es un viaje liberador. Al cultivar la validación interna, construyes una base estable de autoestima que no se deja influir por las opiniones de los demás. Confía en tu capacidad para reafirmarte y reconoce la fuerza y el valor que aportas a todos los aspectos de tu vida.

El papel de la gratitud en la mejora de la autoestima Worth

La gratitud es algo más que decir "gracias"; es una mentalidad poderosa que desplaza la atención de lo que falta a lo que abunda en la vida. Mientras que la autoestima a menudo flaquea cuando nos fijamos en defectos percibidos o deseos insatisfechos, practicar la gratitud redirige nuestra atención hacia lo que es positivo y afirmativo. Al reconocer lo que aprecias, tanto en ti mismo como en tu entorno, cultivas una sensación de plenitud y satisfacción que refuerza tu autoestima.

Por qué es importante la gratitud

La gratitud fomenta un ambiente interno de aceptación y positividad. Crea un bucle de retroalimentación: Cuanto más te concentras en lo que , más en sintonía estás con lo bueno de tu vida, lo que refuerza tus sentimientos de valía. Esta práctica también cambia tu perspectiva de la validación externa a la apreciación interna, ayudándote a reconocer tu valor independientemente de las opiniones de los demás.

Por ejemplo, expresar gratitud por tu perseverancia en un momento difícil pone de relieve tu capacidad de recuperación. Reconocer tu capacidad para alegrar el día a un subraya tu capacidad de bondad. Estos momentos de gratitud construyen una narrativa de autoestima basada en tus fortalezas y contribuciones únicas.

Practicar la gratitud en la vida cotidiana

Incorporar la gratitud a tu rutina no requiere grandes gestos; son los pequeños momentos intencionados los que marcan la diferencia.

- **Afirmaciones matutinas:** Empieza el día enumerando tres cosas por las que estás agradecido, centrándote en cualidades personales o logros recientes.
- **Diario de gratitud:** Dedica un cuaderno a documentar momentos de gratitud. Reflexiona sobre lo que has conseguido, los retos que has superado y las personas que te han apoyado.
- **Pausa de gratitud:** Tómate un momento antes de comer, durante un paseo o a la hora de acostarte para anotar mentalmente una cosa que aprecias de ti mismo o de tu día

Elemento interactivo: La gratitud en acción

Fortalece tu sentido de la autoestima reconociendo y apreciando lo que valoras en ti mismo y en los demás.

- **Ritual de gratitud matutino:** Cada mañana, piensa en tres cosas que agradeces tener en tu vida. Pueden ser personas, objetos o momentos.
    - Ejemplo: “Agradezco haber dormido bien”. “Estoy agradecido por la amabilidad de mi compañero”. “Estoy agradecido por la luz del sol”.

- **Ritual nocturno de gratitud:** Cada noche, escribe tres cosas que aprecies de ti mismo. Pueden ser cualidades, acciones o momentos de los que te sientas orgulloso.
  - Ejemplo: “Mantuve la calma durante una situación estresante”. “Ayudé a resolver un problema en el trabajo”. “He hecho sonreír a alguien”.
- **Carta de gratitud:** Escríbete una carta en la que reconozcas tu crecimiento y destaques los momentos de valentía, bondad o perseverancia. Vuelve a leerla cuando te asalten las dudas.

La gratitud es una práctica silenciosa pero profunda que nutre la autoestima. Al reconocer tu valor inherente y celebrar tus contribuciones, creas una base de confianza y resistencia. La gratitud no elimina los retos, pero proporciona la fuerza para afrontarlos con el corazón lleno de agradecimiento y la mente centrada en las posibilidades.

El poder de la bondad: Cultivar la autocompasión y la empatía

La bondad suele reservarse para los demás, pero su mayor poder transformador reside en dirigirla hacia el interior. La autocompasión consiste en tratarse a uno mismo con el mismo cuidado, comprensión y perdón que ofreceríamos a un amigo querido. No es autocomplacencia, sino una práctica esencial para fomentar la resistencia emocional y la autoestima. Cuando se combina con la empatía -extender la comprensión a uno mismo y a los demás-, la bondad se convierte en un puente hacia conexiones más profundas y la curación.

¿Qué es la autocompasión?

La autocompasión implica tres componentes clave:

1. **Amabilidad consigo mismo**: Sustituir la dura autocrítica por una voz interior amable y comprensiva.
2. **Humanidad común**: Reconocer que las luchas y las imperfecciones forman parte de la experiencia humana compartida.
3. **Atención plena**: Mantener una conciencia equilibrada de tus emociones sin agobiarte.

Estos principios trabajan juntos para crear una mentalidad en la que te aceptes plenamente, con todos tus defectos. Cuando practicas la autocompasión, contrarrestas los efectos perjudiciales de la autocrítica, como la vergüenza, la culpa y la baja autoestima. En lugar de ser tu crítico más duro, te conviertes en tu mayor defensor.

El efecto dominó de la empatía

La empatía, la capacidad de comprender y compartir los sentimientos de los demás, extiende la práctica de la compasión más allá de uno mismo. Profundiza las relaciones y fomenta la comprensión, incluso en momentos de conflicto. La empatía también mejora la autocompasión al recordarte que todo el mundo -incluido tú- es digno de atención y bondad.

El viaje de José hacia la autocompasión

José siempre había sido duro consigo mismo. Cuando las cosas iban mal en el trabajo o en su vida personal, su crítico interior se sumía en pensamientos como: “Soy un fracaso” o “Nunca lo haré bien". Estos patrones negativos le hacían sentirse derrotado y desmotivado.

Durante una semana especialmente difícil, José decidió probar algo nuevo. En lugar de reprenderse a sí mismo, se detuvo e imaginó lo que le diría a su mejor amigo si estuviera en su lugar. "Lo estás haciendo lo mejor que puedes", se dijo a sí mismo. "Los errores ocurren; no te definen: son la forma en que aprendes". Al principio le pareció extraño, pero repetir estas afirmaciones ayudó a José a sentir un ligero alivio.

Con el tiempo, José empezó a notar gradualmente que era más paciente consigo mismo y empezó a aplicar la misma empatía que había extendido a los demás. Cuando un compañero le gritó durante una reunión, en lugar de reaccionar a la defensiva, José reconoció su estrés y respondió con calma. Este momento de empatía distendió la situación e intensificó su relación profesional. La nueva amabilidad de José hacia sí mismo le hizo más comprensivo con los demás, creando un efecto dominó que mejoró su mundo interior y sus conexiones externas.

Elemento interactivo: Practicar la autocompasión

Acostúmbrate a tratarte con amabilidad y empatía.

- **Pausa para la autocompasión**
    - Cuando notes que te asaltan pensamientos autocríticos, haz una pausa y respira hondo.
    - Dite a ti mismo:
        - "Este es un momento de sufrimiento".
        - "El sufrimiento forma parte del ser humano".
        - "Que sea amable conmigo mismo en este momento".

  - Repítelo hasta que te sientas más tranquilo y centrado.
- **Carta de empatía**
  - Escríbete una carta a ti mismo como si fueras un amigo compasivo.
  - Reconozca sus luchas, valide sus sentimientos y ofrézcale palabras de aliento.
  - Tenga esta carta a mano para los momentos de duda.

La autocompasión y la empatía no son meros actos de bondadsino profundas herramientas de transformación. Al abrazar tu humanidad y mostrarte comprensivo contigo mismo y con los demás, creas un entorno más propicio y enriquecedor para el crecimiento. La bondad no es un recurso finito; cuanto más la practiques, más florecerá y enriquecerá tu vida interior y tus relaciones.

La autoestima en acción: Traducir la conciencia en comportamiento

Comprender la autoestima y la autocompasión es sólo el principio; la verdadera transformación se produce cuando estos principios guían tus acciones. La autoestima en acción significa tomar decisiones que estén en consonancia con tus valores, establecer límites que protejan tu bienestar y defenderte con confianza. Se trata de vivir con autenticidad, satisfacer tus necesidades y mostrar lo mejor de ti mismo en cada situación.

Pequeños pasos intencionados para practicar la autoestima

El camino hacia la autoestima comienza con pequeñas acciones deliberadas. Estos pasos refuerzan tu creencia en tu valor y te ayudan a ganar confianza con el tiempo.

- **Lugar de trabajo**: Haz una sugerencia en una reunión o participa como voluntario en un proyecto que te entusiasme.
- **Relaciones**: Compartir una preferencia o necesidad, como sugerir un restaurante para salir una noche.
- **Lugar de trabajo**: Haz una sugerencia en una reunión o participa como voluntario en un proyecto que te entusiasme.
- **Relaciones**: Compartir una preferencia o necesidad, como sugerir un restaurante para salir una noche.
- **Cuídate:** Comprométete con un objetivo personal, como asistir a una clase de yoga o dedicar tiempo a una afición creativa.
- **Crianza:** Modela tu autoestima respetando tus límites y mostrando a tus hijos que está bien darse prioridad a uno mismo cuando sea necesario.

Cada una de estas acciones puede parecer intimidatoria al principio, pero son oportunidades para afirmar tu valía y aumentar tu confianza.

Superar los obstáculos habituales

Dar estos pasos no siempre es fácil. Barreras comunes como el miedo a ser juzgado, el perfeccionismo y el sentimiento de culpa pueden dificultar la acción. He aquí cómo afrontarlos:

- **Miedo a ser juzgado:** Recuerda que las opiniones de los demás son efímeras, pero tu autoestima es duradera. Visualiza la confianza que ganarás si te mantienes firme en tus decisiones.

- **Perfeccionismo:** Cambia tu enfoque de la "ejecución impecable" al esfuerzo significativo. Recuérdate a ti mismo que el progreso es más importante que la perfección.
- **La culpa:** Reconoce que darte prioridad a ti mismo no es egoísta: es esencial. Cuidar de tus necesidades te permite atender mejor a los demás.

Elemento interactivo: Tu plan de acción de autoestima

Traduce la autoestima en medidas prácticas que te capaciten en la vida diaria.

- **Paso 1: Identifique un reto.** Piensa en un área de tu vida en la que te cueste reafirmar tu valía (por ejemplo, el trabajo, las relaciones o los objetivos personales).
- **Paso 2: Establezca una intención.** Elige una pequeña acción que puedas llevar a cabo para afrontar este reto. Sé específico y realista.
    - **Ejemplo**: "En mi próxima , aportaré una idea".
- **Paso 3: Planifica y practica.** Escribe tu intención y ensaya cómo vas a abordar la situación. Visualízate a ti mismo teniendo éxito.
- **Paso 4: Reflexionar y ajustar.** Después de emprender la acción, reflexiona sobre el resultado. ¿Qué ha ido bien? ¿Qué puedes mejorar para la próxima vez? Celebra tu esfuerzo, independientemente del resultado.

Reflexiones finales

Vivir con autoestima requiere valentía, constancia y el compromiso de honrarte a ti mismo. Cada pequeña acción es una declaración de tu valor, un paso hacia la creación de una vida alineada con tus creencias y deseos. A medida que pongas en práctica estos principios, descubrirás que la autoestima no es sólo un concepto, sino una forma de vida que inspira confianza, resistencia y alegría.

CINCO

Fomento De La Confianza

FOMENTO DE LA CONFIANZA

> *La confianza se construye con coherencia.*
>
> Lincoln Chafee

La confianza es el hilo invisible que las relaciones humanas. Imaginemos un jardín vibrante y próspero alimentado por una mano firme; la confianza es el suelo rico y firme esencial para el crecimiento. Sin confianza, las relaciones se marchitan y las flores de la intimidad no consiguen florecer. Fundamentalmente, la confianza significa creer que los demás mantendrán su palabra y protegerán nuestras vulnerabilidades, creando un espacio seguro en el que nos sentimos vistos, apreciados y seguros.

Sin embargo, la confianza no se establece de la noche a la mañana. Se desarrolla a través de pequeños actos constantes de honestidad, fiabilidad y empatía. Florece cuando se cumplen las promesas y los corazones permanecen abiertos, incluso en medio de los riesgos. A pesar de su importancia, la confianza puede ser delicada. La traición inflige cicatrices que resuenan en nuestras vidas, haciendo que el proceso de reconstrucción parezca abrumador.

Este capítulo profundiza en las distintas dimensiones de la confianza, empezando por la base fundamental de la confianza en uno mismo y explorando formas de fomentar, restaurar y profundizar la confianza en las relaciones. Aprenderás cómo la confianza se origina en el interior, evoluciona en las relaciones y puede repararse y fortalecerse con el tiempo.

Cultivar la confianza en uno mismo: La piedra angular de la conexión

Confiar en los demás empieza por creer en uno mismo. Sin embargo, la duda puede persistir como una sombra, alimentada por errores o traiciones del pasado que debilitan tu confianza. Reflexiona sobre los momentos de tu vida en los que surgieron tus dudas. Puede ser el resultado de una crítica que te hizo dudar de tus capacidades, de elecciones que no cumplieron tus expectativas o de decisiones que no salieron como esperabas. Estos acontecimientos crean los diálogos internos que repetimos, reforzando las narrativas que nos llevan a sentirnos indignos o incapaces.

Construir la confianza en uno mismo requiere un esfuerzo deliberado. Empieza poco a poco, alinea tus acciones con tus valores y cumple tus promesas. Esto puede significar comprometerse a adoptar un hábito diario, como escribir un diario o hacer ejercicio en , y cumplirlo con constancia. Cada pequeño éxito refuerza la creencia de que eres fiable, creando un ciclo de confianza que empieza desde dentro.

La autocompasión es igualmente fundamental. Los errores son inevitables, pero no definen tu valía. Cuando tropieces, con la amabilidad que ofrecerías a un amigo. Reconoce el esfuerzo que estás haciendo y el valor que se necesita para reconstruir. La autocompasión transforma los contratiempos en oportunidades de crecimiento, silenciando al crítico interior que exige la perfección.

Por último, celebra las pequeñas victorias. Estos momentos de éxito en una conversación, completar una tarea difícil o simplemente cumplir tus objetivos- son hitos en el camino hacia la confianza en ti mismo. Anotar estos logros en un diario es un recordatorio tangible de tu resistencia y tu progreso, un testimonio visible de tu crecimiento.

Elemento interactivo: Ejercicio de reflexión sobre la confianza

Reflexiona sobre tu relación con la confianza, tanto en ti mismo como en los demás.

- **Piensa en una ocasión.** Reflexiona sobre una decisión que tomaste y que no salió como habías planeado. ¿Cuáles fueron las circunstancias? ¿Cómo te sentiste con el resultado?
- **Evalúe el impacto**. ¿Cómo afectó esta experiencia a tu confianza a la hora de tomar decisiones? ¿Te hizo dudar de ti mismo o desconfiar de tus capacidades?
- **Reformula el relato.** ¿Qué puedes aprender de esta experiencia? ¿Cómo puedes considerarla un peldaño en lugar de un revés?
- **Fíjate objetivos pequeños.** Elige una decisión poco arriesgada que puedas tomar con confianza. Haz un seguimiento de tus progresos y observa cómo aumenta tu confianza en tus capacidades.

Preguntas de reflexión ampliadas

Para guiar tu diario, ten en cuenta:

- "¿En qué situaciones me siento más seguro de mis decisiones?".
- "¿Cuándo tiendo a dudar más de mí mismo?".
- "¿Qué pruebas tengo de decisiones pasadas de que soy capaz de tomar decisiones meditadas y eficaces?".
- "¿Qué pasos puedo dar para practicar la confianza en mí mismo en decisiones poco arriesgadas como forma de generar confianza para elecciones más importantes?".

El papel de la confianza en las relaciones: Construir una base segura

Piensa en una relación en la que te sientas realmente seguro, un espacio en el que tus emociones y pensamientos sean acogidos sin juicios. Esta es la esencia de una base segura. No es una mera presencia física, sino una base emocional que te nutre y te apoya. Una base segura te permite explorar, crecer y arriesgarte, sabiendo que hay alguien a tu lado.

Una base segura en las relaciones se apoya en tres pilares:

1. **Apoyo emocional constante:** Estar emocionalmente presentes el uno para el otro refuerza el vínculo. Esto significa escuchar activamente, ofrecer empatía y validar los sentimientos del otro. La constancia genera confianza y proporciona una sensación de fiabilidad, demostrando que tu pareja se preocupa por tu bienestar.

2. **Comunicación abierta y honesta:** La transparencia crea un espacio seguro para la vulnerabilidad. Compartir abiertamente los miedos, los sueños y los desacuerdos reduce los malentendidos y fomenta una conexión más profunda. No se trata sólo de hablar, sino también de ser escuchado y comprendido.
3. **Seguridad emocional:** Es el cojín que suaviza las dificultades de la vida, ofreciendo seguridad en los momentos de duda. Permite la autenticidad y el crecimiento, permitiendo a ambos miembros de la pareja ser ellos mismos.

Pasos prácticos para cultivar una base segura

1. **Encuentros regulares**: Dedica tiempo a reconectar emocionalmente mediante una cita semanal o un momento de tranquilidad juntos. Estos encuentros fomentan la alineación y el entendimiento.
2. **Sintonización emocional:** Permanece atento a los estados emocionales de tu pareja y a los tuyos propios. Reconoce cuándo tu pareja puede necesitar apoyo o espacio, y ofrécele empatía y atención. Igualmente importante es que practiques el acercamiento cuando necesites consuelo o tranquilidad, fomentando una dinámica de apoyo y comprensión mutuos.
3. **Celebre los hitos**: Reconozca y celebre los progresos, por pequeños que sean. Estas alegrías compartidas refuerzan el vínculo y proporcionan una sensación de logro.

Ejercicio de reflexión: Reflexionar sobre su base segura

Examine las fuentes de seguridad emocional en su vida y cómo configuran sus relaciones.

- **Preguntas para la reflexión**
  - ¿Cuándo se ha sentido más seguro en una relación? ¿Qué ha contribuido a esa sensación?
  - ¿Cómo ofrece actualmente apoyo emocional y seguridad a su pareja o a sus seres queridos?
  - ¿Hay aspectos en los que podríais mejorar la comunicación o la sintonía para fortalecer vuestra relación?

El impacto de una base segura es profundo. Aumenta la intimidad, convirtiendo la vulnerabilidad en fortaleza. Compartir los pensamientos y miedos más íntimos, sabiendo que serán recibidos con compasión, profundiza la conexión. También fomenta la resiliencia, ayudándote a capear las tormentas de la vida como un frente unido. Más allá de la relación, una base segura infunde confianza y te permite afrontar los retos con valentía.

Reconstruir la confianza después de romperla: Historias de curación y resiliencia

La confianza es la base de toda relación. Sin ella, hasta los lazos más fuertes pueden desmoronarse. La confianza es la convicción de que tu pareja estará ahí para ti, ofreciéndote respeto mutuo y fiabilidad. Es una danza entre la franqueza y la vulnerabilidad, en la que ambos se sienten seguros para compartir sus pensamientos y temores más íntimos. La confianza les permite apoyarse el uno en el otro en los retos de la vida, sabiendo que no se caerán. No se trata sólo de esperar honestidad, sino también de ofrecerla a cambio. Este compromiso compartido con la transparencia crea un santuario en el que ambos pueden crecer.

Pero, ¿qué ocurre cuando se rompe la confianza? Reconstruirla puede parecer desalentador, como recomponer un jarrón roto. Sin embargo, es totalmente posible con dedicación y esfuerzo. El primer paso es una comunicación sincera. Reconozca la ruptura y hable del impacto que ha tenido en su relación. Ambos deben expresar sus sentimientos abiertamente, sin miedo a ser juzgados, y sentar las bases de la responsabilidad, en la que ambas partes se comprometen a cambiar. No se trata sólo de disculparse, sino de actuar con coherencia a lo largo del tiempo. Reconstruir la confianza es un proceso gradual que requiere paciencia y perseverancia. Cada pequeño paso ayuda a reparar las grietas, restaurando poco a poco la confianza mutua.

Considere la posibilidad de realizar ejercicios prácticos para cultivar la confianza. Para las parejas, las actividades que fomentan la confianza pueden reforzar la conexión. Intente reservar un tiempo a la semana para una "charla de confianza", en la que hablen abiertamente de sus sentimientos y preocupaciones. Esto fomenta el hábito de la transparencia y anima a ambos a expresarse con sinceridad. También pueden explorar experiencias compartidas que requieran cooperación, como cocinar juntos, hacer una excursión o embarcarse en una nueva afición. Estas actividades de fomentan el trabajo en equipo y la comunicación. Establezcan objetivos pequeños y alcanzables y celebren juntos cada éxito.

Natalie y Jake: reconstruyendo un vínculo fracturado

Natalie y Jake llevaban juntos varios años cuando un desacuerdo aparentemente menor se convirtió en una discusión que les hizo cuestionarse su relación. El detonante fue un aniversario olvidado, pero el problema más profundo fueron años de resentimiento tácito y expectativas no cumplidas.

Para Natalie, el aniversario perdido fue como un nuevo caso de olvido. Había crecido en una familia donde el abandono emocional era la norma, y los pequeños gestos de reconocimiento significaban mucho para ella. Por otro lado, Jake venía de un hogar donde los hitos no eran una prioridad en el ajetreo de la vida cotidiana. No se dio cuenta de hasta qué punto su descuido hirió a Natalie. El incidente se convirtió en el punto de inflexión, dejando al descubierto años de frustración y malentendidos.

Conscientes de la gravedad de la situación, decidieron deliberadamente trabajar la confianza. Se comprometieron a mantener "conversaciones de confianza" semanales, en las que podían compartir sus pensamientos sin interrupciones ni juicios. Al principio, las conversaciones eran tensas, llenas de defensas y lágrimas. Pero con el tiempo, empezaron a descubrir miedos e inseguridades que habían estado erosionando silenciosamente su conexión. Natalie expresó su necesidad de reconocimiento constante, mientras que Jake se sinceró sobre su miedo a no ser "suficiente" en su relación.

Aunque hubo momentos de duda y recaídas en viejos hábitos, mantuvieron su compromiso. Jake empezó a dejarle a Natalie notas reflexivas, como una nota adhesiva en la cafetera que decía: "*Eres increíble. Te estoy muy agradecido*". Natalie practicó la paciencia, reconociendo los esfuerzos de Jake por demostrar su cariño de nuevas maneras. Poco a poco, estos pequeños actos de amor y esfuerzo constante reconstruyeron la confianza que habían perdido. Su relación se convirtió en una fuente de resistencia y crecimiento mutuo.

Elemento interactivo: Ejercicios de creación de confianza para las asociaciones

Aumente la confianza en sus relaciones mediante acciones intencionadas.

- **Intercambio de aprecio:** Dediquen 5 minutos a enumerar lo que admiran y aprecian el uno del otro. Escuchar afirmaciones positivas refuerza la seguridad emocional.
- **Ejercicio de vulnerabilidad compartida:** Comparte algo que nunca hayas contado a nadie: un miedo, un sueño o un recuerdo que no hayas dicho. Esto fomenta la intimidad emocional.
- **El Paseo de la Confianza:** Uno de los miembros de la pareja tiene los ojos vendados y es guiado por el otro a través de una carrera de obstáculos. Esto fomenta la cooperación y la confianza.
- **20 preguntas para conectar:** Háganse por turnos preguntas abiertas sobre intereses, sueños, valores y miedos. Así se profundiza en la comprensión y la curiosidad.

Profundizar los vínculos: Cómo crece la confianza con el tiempo

Imagínese de pie, con los ojos cerrados, los brazos cruzados sobre el pecho, dispuesto a caer en el abrazo de alguien en quien confía plenamente. La "Caída de confianza" trasciende una mera actividad física; simboliza la fe y la confianza que depositamos en nuestras parejas. Nos obliga a soltar el control y dejar que otra persona nos apoye, poniendo de relieve que las relaciones florecen a través de la vulnerabilidad. Este ejercicio nos recuerda el poder del apoyo mutuo. Compartir historias personales con la pareja puede servir también de puente emocional, uniendo dos corazones a través de experiencias compartidas. Al revelar tu pasado, tus esperanzas y tus miedos, creas un rico tapiz de comprensión y empatía que refuerza la intimidad emocional y crea un vínculo que va más allá de las conexiones superficiales para llegar a la esencia de lo que eres.

La comunicación es vital en cualquier relación, pero a menudo plantea retos que exigen un esfuerzo intencionado para abordarlos. Participar en sesiones de escucha activa puede ser transformador, ya que permite pasar de la mera respuesta a la verdadera comprensión. Dedique periodos exclusivamente a escuchar, dejando que su pareja hable libremente sin interrupciones ni juicios. Esta práctica fomenta la empatía y demuestra tu dedicación a valorar su punto de vista. Igualmente crucial es reservar tiempo para compartir la vulnerabilidad; ambos miembros de la pareja acuerdan desmantelar sus defensas y hablar abiertamente de sus preocupaciones más importantes. Este intercambio puede implicar hablar de aspiraciones, miedos o incluso de las pequeñas cosas que aportan felicidad. Al crear un entorno seguro para la vulnerabilidad, se propicia una conexión más profunda y se refuerza la confianza entre ambos.

Establecer y perseguir objetivos comunes puede servir de brújula que le guíe a usted y a su pareja hacia destinos compartidos. Se trata de alcanzar hitos y construir un futuro juntos. Un tablero de visión conjunto puede ser divertido y motivador para visualizar estas aspiraciones. Ya se trate de paseos diarios, viajes, fundar una familia o alcanzar hitos profesionales, ver sus objetivos representados visualmente puede despertar la motivación y cultivar un sentimiento de unidad. Tanto si se trata de proyectos grandes como pequeños, la colaboración puede reforzar aún más la relación de pareja, fomentando la comunicación, el trabajo en equipo y el compromiso a medida que se trabaja para alcanzar objetivos comunes.

Reflexionar sobre los hitos de la confianza es una práctica significativa que honra vuestro crecimiento y reconoce el viaje habéis compartido. Tómate tu tiempo para documentar los momentos en los que has construido o restaurado la confianza, ya sea superando retos o simplemente estando ahí el uno para el otro en la vida diaria. Estas reflexiones servirán de recordatorio de vuestra resistencia y compromiso. Hablad de cómo habéis evolucionado como pareja, identificando los puntos fuertes y las cualidades que han aflorado a lo largo del camino. Llevar un diario de estas reflexiones crea un registro tangible de su progreso, proporcionando ideas que pueden informar sus esfuerzos futuros. Celebrar estos hitos refuerza la confianza habéis desarrollado y sienta las bases para un crecimiento y una conexión continuos.

Elemento interactivo: Ejercicio de escucha activa

Ejercicio: Reflejo y retroalimentación

Mejore su capacidad de comunicación practicando la escucha activa.

- **parejas.** Elige un compañero para practicar, lo ideal es alguien con quien te sientas cómodo.
- **Comparte una historia.** Compartan por turnos una breve historia o experiencia. Mientras uno habla, el otro escucha atentamente.

- **Reflejar la historia.** Después de que el orador hable, el oyente parafrasea la historia, captando los puntos principales con sus propias palabras.
- **Retroalimentar.** El orador comenta la paráfrasis del oyente, señalando los puntos que no ha entendido o que ha pasado por alto.
- **Reflexiona.** Reflexiona sobre la experiencia. ¿Qué sentiste al escuchar sin interrumpir? ¿Qué conocimientos has adquirido sobre tus hábitos de escucha?

Está claro que la confianza es algo más que un concepto: es una práctica continua que requiere un esfuerzo consciente y dedicación. Realizando ejercicios de fomento de la confianza, mejorando la comunicación, fijando objetivos mutuos y reflexionando sobre los progresos realizados, se crea una relación resistente y gratificante.

Confianza y límites: Fortalecer mediante el respeto

La confianza y los límites son dos caras de la misma moneda. Los límites crean el marco que protege y alimenta la confianza, garantizando que las relaciones se mantengan equilibradas y respetuosas. Unos límites sanos nos permiten satisfacer nuestras necesidades y respetar las de los demás, fomentando un entorno en el que la confianza puede prosperar.

Los límites no son muros destinados a mantener a la gente fuera; guían cómo tratamos a los demás y cómo queremos que nos traten". Cuando se comunican y se respetan, los límites generan confianza al ajustar las acciones a las palabras. Por ejemplo, si establecemos un límite sobre la necesidad de tener un rato de tranquilidad después del trabajo y nuestra pareja lo respeta sistemáticamente, nos sentimos valorados y respetados. Del mismo modo, cuando se respetan los límites de otra persona, se refuerza el mensaje de que sus sentimientos y necesidades importan.

Sin embargo, el miedo a poner límites es frecuente. Puede que te preocupe que hacerte valer perjudique la relación o que te consideren egoísta. Pero en realidad, unos límites sanos refuerzan la confianza. Evitan malentendidos y resentimientos al crear claridad. Cuando expresas lo que es aceptable y lo que no, invitas al respeto mutuo y a la comprensión en la relación.

Límites definidos: Una guía para proteger su bienestar

1. **Límites físicos**

Los límites físicos definen tu espacio personal y tus niveles de comodidad física. Tienen que ver con lo cerca que te sientes cómodo de los demás, tus preferencias de contacto físico y tu necesidad de descanso o intimidad. Establecer límites físicos puede significar decir no a los abrazos no deseados o asegurarse de tener tiempo para recargar las pilas a solas.

2. **Límites emocionales**

Los límites emocionales protegen sus sentimientos y su bienestar emocional. Le ayudan a gestionar la cantidad de energía emocional que da o recibe en las relaciones y evitan que asuma las emociones de los demás como propias. Establecer límites emocionales puede significar limitar las interacciones con personas que agotan tu energía o expresar cuándo necesitas espacio para procesar tus sentimientos.

3. **Límites mentales/intelectuales**

Los límites mentales implican respetar las opiniones, ideas y creencias, tanto las tuyas como las de los demás. Ayudan a mantener una comunicación abierta y respetuosa y evitan que las discusiones se conviertan en ataques personales. Establecer límites mentales puede implicar pedir un discurso respetuoso o negarse a participar en debates que le incomoden.

4. **Límites temporales**

Los límites temporales garantizan que tengas control sobre cómo empleas tu tiempo y que los demás lo respeten. Implican dar prioridad a tus necesidades, evitar comprometerte en exceso y ser transparente sobre tu disponibilidad. Establecer límites de tiempo puede significar decir no a planes que sobrecargan tu agenda o dedicar tiempo al cuidado personal.

5. **Límites materiales**

Los límites materiales se refieren a tus posesiones y recursos económicos. Definen lo que te sientes cómodo compartiendo, cómo esperas que los demás traten tus pertenencias y cómo gestionas los préstamos de dinero u objetos. Establecer límites materiales puede significar decir no a prestar un objeto personal o discutir las expectativas antes de compartir las finanzas con alguien.

6. **Límites financieros**

Los límites financieros implican gestionar el dinero y las obligaciones financieras con claridad y equidad. Definen cómo gastas, ahorras y compartes tus recursos, garantizando que tus decisiones financieras estén en consonancia con tus valores. Establecer límites financieros puede significar decir no a repartir gastos que no puedes permitirte o acordar responsabilidades financieras en una relación.

7. **Límites sexuales**

Los límites sexuales tienen que ver con tu nivel de comodidad con la intimidad, el consentimiento y la comunicación en torno a la actividad sexual. Ayudan a garantizar que se respeten tus necesidades físicas y emocionales en una relación sexual. Establecer límites sexuales puede implicar expresar claramente tus preferencias, límites y necesidades, así como respetar los de tu pareja.

8. **Límites de la relación**

Los límites en las relaciones aclaran tus expectativas de comportamiento y respeto en las relaciones personales o profesionales. Garantizan el respeto mutuo, una comunicación sana y la protección de tus valores. Establecer estos límites puede implicar definir un comportamiento aceptable, pedir transparencia o decidir cómo manejar los conflictos.

Sección de reflexión: Explorar tus límites

Pasos prácticos: Establecer límites con confianza

1. **Identifica tus límites**. Reflexiona sobre lo que te resulta cómodo y seguro en distintas situaciones. ¿Dónde pones el límite y por qué?

2. **Comunícate con claridad.** Utiliza frases con "yo" para expresar tus necesidades. Por ejemplo: "Me siento agobiado cuando los planes se hacen en el último minuto. ¿Podemos acordar planificar con antelación?".
3. **Sé coherente.** Cumplir tus límites refuerza su importancia. Las señales contradictorias pueden erosionar la confianza con el tiempo.
4. **Respeta los límites de los demás.** Escucha atentamente cuando alguien comparta contigo sus límites. Muéstrales el mismo respeto que tú querrías recibir a cambio.
5. **Revise los límites con regularidad.** A medida que evolucionan las relaciones, también lo hacen los límites. Compruébalo contigo mismo y con los demás para asegurarte de que siguen respondiendo a tus necesidades.

Elemento interactivo: Trazar sus límites

Explorar y establecer límites para fomentar la confianza y el respeto mutuo en las relaciones.

- **Reflexionar sobre las áreas clave**
    - **Límites emocionales:** ¿Cómo gestionas el intercambio de emociones? ¿Qué te parece demasiado vulnerable y qué te parece seguro?
    - **Límites temporales:** ¿Cómo priorizas tu tiempo? ¿Qué compromisos necesitas proteger?
    - **Límites físicos:** ¿Qué acciones físicas o de proximidad te resultan cómodas en las relaciones?
    - **Límites de la comunicación:** ¿Cómo prefieres abordar los conflictos o expresar tus necesidades?

- **Establecer un límite**
  - Elige un área en la que centrarte y escribe un límite que te gustaría establecer o reforzar.
  - Reflexiona sobre cómo comunicarás este límite a los demás.

Los límites no son barreras; son puentes hacia la confianza. Definir y respetar los límites crea relaciones en las que ambas partes se sienten valoradas y seguras. La confianza florece en este espacio, sentando las bases para conexiones más profundas y significativas.

Reflexiones finales

La confianza nos permite conectar con autenticidad y afrontar los retos con resiliencia. Al comprender los matices de la confianza en las relaciones y tomar medidas intencionadas para fomentarla, construimos un mundo más conectado, solidario y armonioso.

SEIS

Romper Las Cadenas

LIBERARSE DE LOS TRAUMAS DEL PASADO

> *La herida es el lugar donde la luz entra en ti.*
>
> Rumi

¿Alguna vez se ha sentido perdido, como si navegara por un paisaje nebuloso sin guía? ¿Te persiguen las preguntas sin respuesta de tu pasado, arrojando sombras sobre tu sentido de la conexión y haciéndote sentir invisible o poco querido? ¿Es posible que esta incertidumbre tenga sus raíces en su infancia, cuando aquellos que debían ofrecerle seguridad y consuelo estaban ausentes, eran incoherentes o tal vez ellos mismos estaban abrumados?

Estas cicatrices emocionales dejan un impacto duradero, dando forma a patrones de miedo, pensamiento excesivo y búsqueda incesante de validación en tus relaciones. Susurran dudas sobre tu valía y te hacen cuestionar si el amor que buscas llegará a ser genuinamente seguro.

Sanar estas heridas es como encontrar la fuerza para confiar en tus pasos en la niebla y descubrir que la luz que buscas puede venir de dentro. Este capítulo te guiará en la exploración de las raíces de tu trauma y de las herramientas para . Juntosnutriremos las partes de ti que se sienten abandonadas, calmaremos la mente ansiosa y sentaremos las bases de conexiones seguras y significativas.

Reconocer las raíces: curar las heridas del apego

El trauma del apego va más allá de una lesión emocional; se incrusta en nuestro sistema nervioso, afectando a nuestra sensación de seguridad y conexión. Puede ser agudo por un acontecimiento singular o complejo por experiencias nocivas prolongadas, como la negligencia o el abuso. El cuidado inconsistente, el abandono o la traición en la infancia crean patrones de inseguridad y estilos de apego duraderos. Si no se abordan, estos problemas conducen a una inseguridad y desconfianza persistentes en las relaciones adultas.

El vínculo entre el trauma y los estilos de apego es profundo y afecta tanto a la mente como al cuerpo. Un trauma no resuelto puede desencadenar problemas de salud mental como ansiedad crónica, depresión o TEPT, y manifestarse físicamente en forma de dolores de cabeza, fatiga o dolores corporales. La hipervigilancia, los pensamientos intrusivos y los flashbacks dificultan la presencia, mientras que el entumecimiento emocional y el desapego obstruyen la conexión genuina.

Tomar conciencia de cómo se manifiesta el trauma en el cuerpo y la mente puede resultar desalentador, pero también es un acto de autocompasión. Estos síntomas no son signos de debilidad, sino pruebas de tu resiliencia: tu cuerpo y tu mente se adaptan a las experiencias difíciles. Reconocer estos síntomas es el primer paso hacia la curación.

He aquí algunos de los signos y síntomas más comunes a los que puede estar atento:

Síntomas físicos

- Latidos rápidos del corazón o sensación de ansiedad durante conflictos o rechazo percibido
- Problemas para dormir, especialmente cuando se está preocupado por una relación
- Músculos tensos, dolores de cabeza o tensión física debida al estrés
- Malestar estomacal o cambios en el apetito durante situaciones emocionales
- Sentirse agotado o fatigado por darle demasiadas vueltas a los problemas de pareja.
- Temblores o inquietud en momentos de tensión emocional
- Apretamiento de la mandíbula que provoca dolor mandibular o facial (TMJD)

Síntomas emocionales

- Miedo a ser abandonado o a no sentirse valorado en las relaciones
- Preocupación constante por los sentimientos o el compromiso de la pareja.
- Dificultad para confiar en las palabras tranquilizadoras o en las intenciones de los demás.
- Analizar en exceso las interacciones en busca de signos de rechazo o crítica.

- Dificultad para estar solo o búsqueda frecuente de consuelo.
- Sentir celos o inseguridad, incluso sin motivos claros.
- Experimentar cambios de humor ligados a los altibajos de la relación.
- Baja autoestima, a menudo depende de otros para su validación.
- Emociones intensas en respuesta a pequeñas perturbaciones en la relación

Reflexionar sobre sus experiencias con cuidadores y relaciones significativas puede descubrir las raíces de sus heridas de apego. Los ejercicios de reflexión pueden ser muy valiosos, ya que proporcionan un espacio seguro para explorar los recuerdos y su impacto actual. Este proceso de autorreflexión te permite comprender cómo tu pasado influye en tu presente, allanando el camino para el crecimiento y el cambio.

La curación del trauma requiere paciencia, autocompasión y apoyo. La atención informada por el trauma proporciona un marco útil, haciendo hincapié en la seguridad, la capacitación y la colaboración. Al crear un entorno en el que te sientas lo suficientemente seguro como para procesar tus experiencias, este enfoque fomenta la confianza y la resiliencia. Te dota de estrategias de afrontamiento, lo que te permite liberarte del ciclo de miedo y duda que a menudo crea el trauma, ofreciendo una oportunidad para la transformación.

Mientras recorres este camino, recuerda que la curación lleva su tiempo. Habrá momentos de progreso y retrocesos, pero cada pequeño paso adelante es una victoria. Si afrontas tus heridas con valentía y aprovechas las herramientas y el apoyo disponibles, podrás avanzar hacia un futuro más seguro.

Ejercicio de reflexión: Mapa de tus heridas de apego

Utiliza este ejercicio para identificar y comprender cómo influyen las experiencias pasadas en tus relaciones actuales.

- **Paso 1: Crea una línea de tiempo.** Reflexiona sobre momentos significativos de tu infancia y de tus relaciones adultas que moldearon tu sentido de la confianza, la seguridad o la valía. Marca los acontecimientos clave en una línea de tiempo.
- **Paso 2: Reflexiona sobre los patrones.** Escribe sobre los sentimientos o comportamientos recurrentes que observes. Por ejemplo: "A menudo evito pedir ayuda porque temo el rechazo".
- **Paso 3: Conecta los puntos.** ¿Cómo influyen estos en tus relaciones actuales? Identifica un comportamiento o creencia que te gustaría cambiar.

De la sombra a la fuerza: Diario a través de la traición y la pérdida

Obtenga claridad sobre el impacto de traiciones o pérdidas pasadas explorando sus emociones y creencias.

- **Reflexión sobre el pasado**
  - ¿Qué recuerdos concretos te vienen a la mente cuando piensas en sentirte abandonado o traicionado? ¿Cómo te sentías en esos ?
  - ¿Cuáles eran tus creencias sobre ti mismo, los demás y el mundo después de estas experiencias?

- **Explorar el impacto actual**
  - ¿Cómo influyen estas experiencias pasadas en tus relaciones actuales? ¿Qué pautas observas?
  - ¿Qué miedos o inseguridades derivados de esas experiencias persisten en tu mente o en tu corazón?
- **Reescribir la narrativa**
  - Si pudieras hablar con tu yo más joven en esos momentos, ¿qué le dirías para reconfortarle o apoyarle?
  - ¿Qué fortalezas ha desarrollado como resultado de haber sobrevivido a estas experiencias?

Al reflexionar, participas activamente en tu proceso de curación. Cada conocimiento que adquieras te acercará más a la comprensión de ti mismo y de tus relaciones. Con paciencia y perseverancia, puedes transformar tus heridas de apego en fuentes de fuerza y resistencia, creando una vida llena de amor y conexión.

Apoyo Guiado: Cómo la terapia transforma Healing

La terapia es un poco como un faro: te guía a través de los mares tormentosos de los traumas del pasado. Ofrece claridad, dirección y esperanza cuando todo parece abrumador. Para quienes navegan por las complejidades de las heridas relacionadas con el apego, la terapia proporciona herramientas para comprender las emociones, afrontar los miedos y desarrollar la resiliencia.

Enfoques terapéuticos: Un camino hacia el crecimiento

Diferentes modalidades terapéuticas pueden ayudarle a desenmarañar las raíces del trauma y reconstruir sus cimientos emocionales:

1. **Terapia cognitivo-conductual TCC):** La TCC ayuda a las personas a cambiar sus pensamientos y comportamientos para gestionar los problemas de salud mental. Se basa en la idea de que los pensamientos y los sentimientos influyen en los comportamientos y que cambiarlos puede ayudar a las personas a responder más eficazmente a las situaciones difíciles.
2. **Desensibilización y Reprocesamiento por Movimientos Oculares (EMDR):** Este método es especialmente eficaz para procesar recuerdos angustiosos. Mediante movimientos oculares guiados, el EMDR reprograma la respuesta del cerebro al trauma, ayudándole a liberarse de la carga emocional ligada a las experiencias dolorosas.
3. **Terapia basada en el apego:** Esta modalidad se centra en comprender cómo los patrones relacionales tempranos dan forma a sus interacciones actuales. Al explorar tu historia de apego, puedes identificar patrones poco saludables y aprender a cultivar relaciones más sanas.

Crear un espacio seguro: El papel del entorno terapéutico

La terapia es más que una técnica; es un santuario para la exploración emocional. En este espacio, puedes:

- Exprese sus temores y vulnerabilidades sin juzgarlos.
- Afrontar y procesar emociones largamente enterradas.
- Desarrollar mecanismos de afrontamiento personalizados para superar los retos de la vida.

La terapia no borra el pasado, sino que transforma tu relación con él y te capacita para recuperar tu relato.

Elegir al terapeuta adecuado: Construir una alianza sólida

Encontrar al terapeuta adecuado es crucial para su proceso de curación. Busque a alguien que:

- Se especializa en el trauma del apego y se alinea con sus objetivos terapéuticos
- Establece una sensación de seguridad y confianza, creando un espacio en el que te sientes visto y apoyado.

Considere la posibilidad de entrevistar a posibles terapeutas sobre sus enfoques, asegurándose de que se ajustan a sus necesidades.

La historia de Raquel: Superar el miedo al abandono

Rachel creció en un hogar lleno de incertidumbre. La tumultuosa relación de sus padres la llevó a hacer de pacificadora con frecuencia, tratando de mantener las cosas unidas mientras se sentía invisible e ignorada. La inconsistencia de su amor le dejó un profundo miedo al abandono que la acompañó hasta la edad adulta. Este miedo tan arraigado creaba tensiones y a menudo alejaba a la gente, lo que reforzaba su creencia de que no era digna de un amor duradero.

Decidida a liberarse de este ciclo, Rachel buscó ayuda a través de la Terapia Cognitivo-Conductual (TCC). Durante sus primeras sesiones, descubrió creencias arraigadas como "*Soy demasiado necesitada*" y "*Si me suelto, se irán*". Estos pensamientos habían marcado sus interacciones durante años, haciéndola sentir que tenía que trabajar incansablemente para ganarse el amor. Con su terapeuta, Rachel empezó a cuestionar estas creencias. Practicó reformularlas, diciéndose a sí misma: "Mis necesidades son válidas" y "Puedo confiar en los demás sin sobre-compensar".

Su terapeuta la introdujo en técnicas de atención plena para reconocer cuándo sus miedos tomaban el control. Un momento crucial se produjo durante un desacuerdo con su pareja, Dan. Normalmente, Rachel habría entrado en pánico, enviando una ráfaga de mensajes de texto para asegurarse de que él no estaba enfadado. En lugar de eso, hizo una pausa, respiró hondo y se recordó a sí misma que Dan siempre le había demostrado su amor y su compromiso. En su lugar, envió un mensaje reflexivo, dándole espacio para responder.

Los pequeños cambios condujeron a un crecimiento significativo, y Rachel descubrió que podía disfrutar de sus relaciones sin buscar constantemente la validación. Dio a sus relaciones espacio para respirar y, al hacerlo, experimentó un nivel de intimidad y confianza que no creía posible.

Orientación práctica y recursos adicionales

La terapia es una herramienta poderosa, pero no la única. Complementa tus sesiones con:

- **Libros y artículos:** Profundice en su comprensión del apego y el trauma.
- **Comunidades en línea:** Conéctate con otras personas que se encuentren en el mismo proceso de curación.

Visite la sección de recursos para obtener recomendaciones personalizadas que mejoren su labor terapéutica.

La curación a través de la terapia no es un camino recto, sino un viaje que cambia la vida. Requiere valor, compromiso y autocompasión. Puedes pasar del dolor a la fortaleza si te comprometes con el apoyo terapéutico y recuperas tu capacidad de confiar, conectar y prosperar.

Nutrir al niño interior: Un camino hacia la plenitud

El concepto de niño interior puede parecer abstracto al principio, pero una parte esencial de tu identidad emocional. Esta parte de ti guarda tus primeras experiencias, tanto los momentos de alegría como de dolor. Representa la versión de ti que aprendió a desenvolverse en el mundo basándose en el amor, la atención o el abandono que recibías. Cuando se ignora o se malinterpreta, esta parte de ti puede influir sutilmente en tus elecciones, relaciones y autopercepción en la edad adulta.

El niño interior no sanado a menudo se revela en comportamientos que pueden parecer frustrantes o inexplicables. Estos patrones suelen ser el resultado de las necesidades insatisfechas de tu yo más joven. Comprender y alimentar al niño interior no consiste en rememorar el pasado, sino en mostrar compasión por las partes de uno mismo que aún arrastran esas viejas heridas.

La curación del niño interior le permite recuperar la vitalidad emocional y la creatividad de su yo más joven, al tiempo que aborda el dolor que padeció. Este proceso implica reconocer al niño que llevas dentro, escuchar sus necesidades y ofrecerle la atención y el consuelo que puede haberle faltado. Ejercicios como la visualización guiada y la escritura de un diario permiten salvar la distancia entre lo que eras y lo que eres ahora, fomentando la curación y la integración.

La historia de David: Liberarse del perfeccionismo

David dedicó gran parte de su vida adulta a luchar contra sentimientos de inadecuación y un profundo miedo al fracaso. A pesar de sus éxitos, nada le parecía suficiente. La raíz de sus luchas se hizo evidente cuando se adentró en la sanación del niño interior. Los recuerdos de su infancia revelaron un ambiente plagado de grandes expectativas. Cualquier error era criticado severamente, y la perfección se convirtió en el único estándar. Como resultado, David se formó la creencia de que su valía estaba totalmente ligada a sus logros, dejando poco espacio para los errores o la autocompasión.

El trabajo con el niño interior de David comenzó con la autorreflexión. Guiado por su terapeuta, realizó ejercicios para conectar con su yo más joven. Al principio le resultó difícil debido a su voz interior crítica y le costó mostrar compasión. Con el apoyo de su terapeuta, revisitó recuerdos cargados de perfeccionismo, sobre todo cuando volvió a casa con una nota imperfecta en un examen y se sintió decepcionado en lugar de reconfortado. David se imaginó sentado junto a su yo más joven, reconociendo el miedo y la tristeza del chico.

Además de la visualización, David empleó afirmaciones para combatir los duros mensajes que había absorbido. Cada mañana, se miraba al espejo y se repetía mantras como “Soy suficiente tal y como soy” y “Los errores forman parte del aprendizaje, no reflejan mi valía”. Aunque al principio le resultaba incómodo, las afirmaciones empezaron a resonar con el tiempo.

Llevar un diario se convirtió en algo esencial para la curación de David. Registraba las experiencias de su infancia, centrándose en los momentos de presión por la perfección y reinterpretándolos desde una perspectiva adulta. Reflexionó sobre cómo consolaría a un niño que se enfrentara a retos similares en lugar de criticarlo.

Las prácticas de David cambiaron su percepción de sí mismo. Abrazó el trabajo y las aficiones con curiosidad, y la carpintería se convirtió en su pasión. Cada creación simbolizaba su crecimiento: imperfecta, pero prueba de que su valía no se basa en la perfección. David recuperó su identidad a través de la curación del niño interior, dándose cuenta de que merecía amor y aceptación.

Elementos interactivos

Un puente hacia el pasado: Cartas de sanación y comprensión

Escribe cartas para sanar y replantear tu relación con el dolor del pasado.

- **A tu yo más joven**
    - ¿Qué le dirías a tu yo más joven para reconfortarle en un momento difícil?
    - Destaca las cualidades que admiras de tu yo más joven y cómo esos rasgos han moldeado lo que eres hoy.
    - Discúlpate por los momentos en que ignoraste sus necesidades o silenciaste su voz, y ofrécele perdón.
- **De tu yo más joven**
    - Imagina que tu yo más joven te contesta.
    - ¿Qué dirían del amor y el apoyo que les ofreces ahora?

A través de los ojos de tu niño interior: Temas de reflexión

Profundiza en el conocimiento de ti mismo y en tu transformación con sugerencias para escribir en tu diario:

- "¿Cuál es un miedo que arrastro de mi pasado y cómo se manifiesta hoy?".
- "¿Qué partes de mi historia me resultan más difíciles de revisar y por qué?".
- "¿Qué he aprendido de mí mismo a través de mis experiencias?".
- "¿Cómo puedo honrar y utilizar mi crecimiento para dar forma a mi futuro?".

Conectar con tu niño interior te abre las puertas a un profundo autodescubrimiento y sanación. Este viaje consiste en abordar las heridas del pasado y abrazar la alegría y la creatividad que llevamos dentro. Alimentar esta parte de ti mismo sienta las bases para una autocompasión más profunda y una conexión más auténtica con los demás.

Reescribiendo tu historia: Transformar el dolor en fortaleza

La terapia narrativa ofrece una poderosa manera de remodelar su percepción de la vida. Se centra en las historias que contamos sobre nuestro pasado y cómo afectan a nuestro presente y futuro. A menudo, estos relatos se ven enturbiados por creencias limitantes que enfatizan nuestros fracasos. Estas creencias nos atan al dolor del pasado y nos sugieren que el cambio es imposible. Sin embargo, imagínate reescribiendo esas narrativas: del sufrimiento al empoderamiento. Esto encarna la terapia narrativa: reconocer tu poder para remodelar tu historia, viendo tu pasado no sólo como errores, sino como oportunidades de crecimiento y resiliencia Para empezar, es útil reflexionar sobre los acontecimientos cruciales de la vida y su significado. Piensa en los momentos de tu vida que han dejado un impacto duradero, tanto positivo como negativo. Pregúntate qué te han enseñado esas experiencias. ¿Qué fortalezas ha desarrollado a través de la adversidad? Puede que hayas descubierto la capacidad de recuperación ante las dificultades o la compasión en los momentos de sufrimiento. Al identificar estos puntos fuertes, empiezas a ver tu historia a través de una lente diferente que destaca tus capacidades en lugar de tus defectos. Este cambio de perspectiva te permite reconocer el crecimiento que ha surgido de tus retos, transformando tu narrativa en una de empoderamiento.

El viaje de Timothy hacia la redefinición del éxito

Timothy creció en una familia en la que los logros eran la máxima medida de la valía. A menudo se sentía eclipsado por su hermano mayor, que sobresalía académicamente y recibía constantes elogios. Por mucho que se esforzara, Timothy creía que nunca sería “lo bastante bueno”. Esta percepción de sí mismo le acompañó hasta la edad adulta, donde siguió una carrera que no le gustaba, impulsado por la necesidad de demostrar su .

Timothy empezó a cuestionarse la historia de su vida tras asistir a un taller de terapia narrativa. Se dio cuenta de que su definición de éxito había sido moldeada por las expectativas de los demás, no por sus valores. A través de un diario y de ejercicios de visualización, Timothy empezó a reescribir su relato. Reformuló sus experiencias pasadas y no las vio como fracasos, sino como momentos en los que demostró perseverancia y creatividad.

Timothy tuvo un gran avance con un ejercicio: imaginar una vida en la que siguiera sus pasiones en lugar de las presiones externas. Esto le llevó a dedicarse al diseño paisajístico, un campo que siempre le había gustado pero que consideraba poco práctico.

Al abrazar este nuevo camino, Timothy encontró la alegría y la plenitud, redefiniendo el éxito en sus propios términos. Su historia se convirtió en un ejemplo de valentía y autenticidad, un testimonio del poder de transformar el dolor en fortaleza.

Los beneficios de la reescritura narrativa

Los beneficios de revisar su narrativa personal son reveladores. Al remodelar tu historia, cultivas un mayor conocimiento y aceptación de ti mismo. Tu pasado no te define; es una parte de tu viaje que ha contribuido a lo que eres hoy. Este autoconocimiento fomenta una conexión más profunda contigo mismo y te anima a aceptar tus cualidades y experiencias únicas. Esta nueva aceptación conlleva un mayor poder y control en tus relaciones con . Tendrás más confianza para expresar tus necesidades y deseos, sabiendo que tu valía no depende de las percepciones de los demás. Al adueñarte de tu historia, recuperas el control de tu vida y creas una narrativa acorde con tus valores y aspiraciones.

Elemento interactivo: Reclama tu poder - Afirmaciones diarias

Reconstruir la confianza y la resiliencia mediante afirmaciones.

- Escribe una lista de afirmaciones que resuenen contigo, como por ejemplo
    - "No me define mi pasado; estoy creando mi futuro".
    - "Merezco amor, confianza y respeto".
- "Libero el dolor de mi pasado y abrazo la curación".
  Repite estas afirmaciones a diario, idealmente frente a un espejo, para interiorizar su mensaje.

Elemento interactivo: Ejercicio de tablero de visión: elabora tu futuro

Crea una representación visual de tus objetivos y sueños.

- Reúne materiales como revistas, tijeras, pegamento y una pizarra en blanco o una hoja grande de papel.
- Seleccione imágenes y palabras que resuenen con su visión de futuro.
- Organízalas en un collage que represente aquello por lo que te esfuerzas.
- Coloca tu tablón de ideas en un lugar donde lo veas a menudo y te sirva de inspiración y motivación.

Revisar y perfeccionar

Tu narrativa no es estática; evoluciona a medida que creces. Dedica un tiempo cada pocos meses a revisar las entradas de tu diario y tu tablero de visión. Reflexiona sobre tus progresos y considera cómo han cambiado tus aspiraciones. Actualiza tu pizarra de visiones y añádelas a tu diario, celebrando lo lejos que has llegado y reconociendo la fuerza que has adquirido.

Ejercicios somáticos para liberar traumas almacenados

Imagina que llevas una pesada mochila durante años sin darte cuenta. Con el tiempo, esa carga se funde con tu vida, afectando sutilmente a tus movimientos y emociones. Esto ilustra cómo el trauma persiste en el cuerpo, invisible pero profundamente influyente. La curación somática entiende que el trauma se extiende más allá de la mente, residiendo en nuestras sensaciones físicas, posturas y tensiones.

La terapia somática conecta la mente y el cuerpo, dotándole de herramientas para comprometerse consigo mismo más profundamente, permitiendo la liberación emocional, la regulación y la resiliencia.

Con frecuencia, el trauma interrumpe esta conexión, provocando sentimientos de distanciamiento o insensibilidad. Los ejercicios somáticos trabajan para restablecer esta relación abordando las expresiones físicas del dolor emocional, cultivando una sensación de seguridad y tranquilidad que la terapia verbal tradicional puede no proporcionar.

Técnicas básicas: Conexión a tierra y conciencia corporal

Si no estás familiarizado con la curación somática, unos ejercicios sencillos pueden ser un buen punto de partida. Estas prácticas no requieren herramientas especiales, sólo la voluntad de sintonizar con tu cuerpo.

1. **Ejercicio de conexión a tierra**
    - Párate descalzo en el suelo y nota la sensación del suelo bajo tus pies.
    - Siente el peso de tu cuerpo apoyado y la conexión entre tú y la tierra.
    - Respira lenta y profundamente, concentrándote en la sensación de estabilidad.
    - Continúe así durante 4-5 minutos.
2. **Toque somático de conexión a tierra**
    - Coloca una mano sobre el corazón y la otra sobre el estómago.
    - Respira lenta y profundamente, concentrándote en la subida y bajada de las manos.

- Conceptualiza una energía cálida y enraizante que "sale de tus manos hacia tu cuerpo, calmando cualquier tensión o malestar".
- Esta práctica proporciona un alivio inmediato al crear una sensación física de seguridad y conexión.

Estos ejercicios te anclan en el momento presente, creando una base para una curación más profunda.

Prácticas avanzadas: Liberación del trauma a través del movimiento

A medida que te sientas más cómodo con las técnicas somáticas básicas, las prácticas avanzadas pueden ayudarte a profundizar en la liberación del trauma.

1. **Ejercicios de Liberación de Tensión y Trauma (TRE)**
    - La TRE incluye varios estiramientos y movimientos diseñados para activar una respuesta natural de sacudida o temblor en el cuerpo. Este mecanismo ayuda a liberar la tensión y el estrés acumulados, proporcionando alivio y relajación.
2. **Experiencia somática**
    - Este método es un enfoque centrado en el cuerpo que se centra en notar y trabajar las sensaciones físicas vinculadas al trauma. Prestar atención a las respuestas del cuerpo en un entorno seguro permite que las reacciones físicas y emocionales no resueltas completen su ciclo.
3. **Terapia de movimiento y danza**
    - La terapia de movimiento ofrece una salida creativa para la expresión. Ya sea a través de ejercicios guiados

o de la danza espontánea, esta práctica te ayuda a conectar con tus emociones de forma libre y alegre.

Estas técnicas hacen hincapié en escuchar al cuerpo y responder a sus necesidades, ayudándole a superar los traumas con gracia y fortaleza.

Integración diaria: Incorporar prácticas somáticas a su vida

Incorporar la curación somática a su rutina no tiene por qué ser abrumador. Unos pasos pequeños y constantes pueden marcar una gran diferencia.

- **Crea una rutina.** Dedica unos minutos al día al grounding o a la exploración corporal. Los rituales matutinos o nocturnos funcionan bien.
- **Combinar prácticas.** Combina ejercicios somáticos con mindfulness o yoga para un enfoque holístico.
- **Lleva un diario somático.** Documente sus experiencias y anote cualquier cambio emocional o físico. Con el tiempo, este diario se convertirá en un registro de tus progresos y percepciones.

Llamada a la acción: Escucha a tu cuerpo

El cuerpo encierra una sabiduría que a menudo pasa desapercibida. Participar en la curación somática abre la puerta a un mayor conocimiento de uno mismo y a la libertad emocional. Empieza poco a poco y confía en el proceso. Con el tiempo, estas prácticas te ayudarán a reconectar con tu yo interior, transformando el trauma en resiliencia y calma.

Imaginería guiada: Visualizar un camino de sanación

La imaginación guiada aprovecha la extraordinaria capacidad de la mente para crear imágenes mentales vívidas, ofreciendo un camino hacia la curación. Es tan sencillo como cerrar los ojos e imaginarse un paisaje sereno: el suave susurro de las hojas, la calidez de la luz del sol sobre la piel y el fresco aroma del aire puro. Esta técnica permite crear un espacio mental seguro para procesar las emociones, reducir el estrés y fomentar la resiliencia . Las imágenes guiadas proporcionan un retiro de las presiones de la vida, permitiéndote reconectar con tu yo interior en un entorno tranquilo y de apoyo.

Por qué funciona la imaginación guiada

Cuando visualizas, tu cerebro responde como si la escena proyectada fuera real. Los estudios han demostrado que las imágenes guiadas pueden calmar el sistema nervioso, reduciendo la respuesta de lucha que a menudo desencadena el trauma. Al utilizar la imaginación, las imágenes guiadas ayudan a acceder y procesar emociones que pueden resultar abrumadoras en la vida real. Crea un puente entre la mente consciente y los estados emocionales más profundos, lo que la convierte en una valiosa herramienta para curar heridas de apego y liberar traumas almacenados.

Técnicas de imaginación guiada

1. **Visualización de un lugar seguro:** Piensa en un lugar donde te sientas completamente seguro y en paz. Puede ser un lugar real que conozcas o un santuario imaginado. Deja que la imagen cobre vida en tu mente: fíjate en los

colores, los sonidos y las texturas. Este refugio mental puede reconfortarte en momentos de estrés o ansiedad y servir de refugio para tu mente y tus emociones.

2. **Visualización del camino de la curación:** Imagínate en un camino que simboliza tu viaje hacia la curación. Mientras caminas, visualiza que te desprendes del peso emocional de las heridas del pasado. Cada paso te acerca a un lugar de ligereza, fortaleza y paz. Es posible que encuentres símbolos de resiliencia, como un puente sólido o una flor en flor, que te recuerden tus progresos.
3. **Conexión con el niño interior:** Visualiza a tu yo más joven ante ti. Imagínate a ti mismo ofreciéndoles el amor y la seguridad que les ha podido faltar. que están seguros, que son amados y que son suficientes. Esta práctica nutre a tu niño interior, fomentando la autocompasión y la curación.
4. **Visualización del yo futuro:** Imagina tu yo futuro, curado y próspero. ¿Qué tiene? ¿Cómo habla y se comporta? Deja que esta versión futura de ti te guíe con sabiduría y compasión. Visualizar tu yo sanado puede aumentar tu confianza y darte un sentido de dirección.

Mi lugar seguro

Hace años, durante una época difícil de mi vida, me sometí a un tratamiento EMDR para el TEPT. Creé un lugar ficticio para centrarme en él durante las sesiones de EMDR. Ese lugar se convirtió en mi mundo secreto, un santuario al que podía retirarme cuando la vida me resultaba abrumadora.

Este mundo imaginario creció con el tiempo, haciéndose cada vez más vívido y detallado. El paisaje crecía; se expandía como si una niebla se disipara lentamente y yo pudiera ver más del mundo que me rodeaba. Podía oír el susurro de las hojas y música, sentir la brisa en la piel e incluso la fría piedra del suelo bajo mis pies. Visitar este lugar a menudo y en momentos de calma me ayudaba a acceder a él rápidamente en los momentos de estrés. Aunque hace años que no vuelvo -señal de curación-, sigo agradecida por la paz que me proporcionó durante mis días más difíciles.

Elemento interactivo: Imaginería guiada para la curación emocional

Al principio, la imaginación guiada puede resultarte desconocida o difícil, sobre todo si te cuesta imaginar cosas en tu mente. Esto es totalmente normal. Como cualquier otra habilidad, se hace más fácil con la práctica. La clave es abordarla con paciencia y mente abierta. Si las imágenes no fluyen de inmediato, no pasa nada: puede que tu mente necesite tiempo para entrar en calor. Empieza poco a poco y deja que las imágenes se desarrollen de forma natural.

He aquí algunos pasos prácticos e indicaciones que te ayudarán a empezar:

- **Paso 1: Preparar el escenario**
  - **Busca un lugar tranquilo**. Elige un lugar cómodo y tranquilo no te interrumpan. Puedes atenuar las luces o poner música suave para crear una atmósfera relajante.

  - **Relaja el cuerpo.** Respira hondo varias veces para tranquilizar la mente y el cuerpo. Cierra los ojos si te resulta cómodo y tómate un momento para conectarte con el presente.
- **Paso 2: Elegir un enfoque**
  - **Visualización de un lugar seguro**
    - Imagina un lugar en el que te sientas completamente a gusto. Es un lugar en el has estado o un lugar de tu imaginación?
    - Céntrate en los detalles: ¿Qué aspecto tiene, cómo suena y cómo se siente?
    - Visualízate recibiendo apoyo y cuidados en este espacio.
  - **Visualización del camino curativo**
    - Imagina que caminas por un sendero en el que te liberas de cargas pasadas a cada paso. ¿Qué aspecto tienen esas cargas (por ejemplo, una bolsa pesada o piedras)?
    - Imagínate cada vez más ligero y con más poder a medida que avanzas.
- **Paso 3: Reflexionar sobre la experiencia**
  - Después de completar una visualización, tómate un momento para reflexionar sobre lo que te ha surgido:
  - ¿Sintió una sensación de paz o claridad?
  - ¿Hubo partes de la visualización que se sintieron vívidas o significativas?
  - ¿Qué emociones experimentó?

Anota tus reflexiones en un diario para seguir tus progresos a lo largo del tiempo. A medida que continúas practicando, tus imágenes se vuelven más detalladas y mejora tu capacidad para acceder a estos espacios mentales.

Ánimo a los principiantes

La imaginería guiada es un viaje; las imágenes no tienen por qué ser perfectas o completas inmediatamente. Aunque sólo "veas" un detalle -un sonido, un color o una sensación-, ya estás dando un paso hacia la curación. Con la práctica constante, tu mente irá rellenando los huecos de forma natural, creando un espacio rico y reconfortante al que podrás volver siempre que lo necesites.

Dedicar tiempo a esta práctica puede crear un espacio seguro y enriquecedor para el crecimiento emocional. Independientemente de lo que visualices, estos ejercicios mentales te permiten avanzar con confianza y compasión. Da el primer paso: Cierra los ojos, imagina y deja que comience el viaje.

Priorizar el autocuidado: Mantener el crecimiento y la curación

El autocuidado es vital durante la curación de un trauma. Apoya su bienestar emocional y físico, ayudándole a navegar por el camino, a menudo tumultuoso, de la recuperación. El trauma puede ser agotador; sin un autocuidado adecuado, se corre el riesgo de agotamiento y fatiga por compasión. Piense en el autocuidado como la base sobre la que construir su curación. Proporciona la fuerza y la resistencia necesarias para afrontar emociones y recuerdos difíciles. Al dar prioridad al autocuidado, creas un amortiguador contra el estrés y la tensión que conlleva el trabajo traumático, lo que te permite participar más plena y eficazmente en tu proceso de curación.

Estrategias para un autocuidado eficaz

Existen diversas estrategias para apoyar su curación mediante el autocuidado:

- **Autocuidado físico:** Ejercicio regular: un simple paseo diario puede influir significativamente en el estado de ánimo y los niveles de energía. La nutrición también es crucial; alimentar tu cuerpo con comidas equilibradas y sanas te proporciona la energía que necesitas para hacer frente al estrés emocional. El sueño es otra piedra angular del autocuidado físico. Prioriza un horario de sueño constante para asegurarte de que tu cuerpo descansa lo necesario para curarse.
- **Autocuidado emocional:** Escribir un diario puede ayudarte a procesar tus pensamientos y sentimientos. La terapia proporciona un espacio seguro para explorar y comprender tus emociones. Las técnicas de relajación, como la respiración profunda o la meditación, pueden ayudar a calmar la mente y reducir la ansiedad. Actividades como los pasatiempos, las salidas creativas o los ejercicios de atención plena también contribuyen al equilibrio emocional.
- **Autocuidado social:** Crear una red de apoyo puede proporcionar ánimo y un sentimiento de pertenencia. Busque el apoyo de amigos y familiares que comprendan y respeten su proceso de curación. Unirse a grupos de apoyo puede ponerle en contacto con otras personas que comparten experiencias similares, ofreciéndole comprensión y empatía mutuas. Las comunidades de recuperación del trauma, ya sea en línea o en persona, proporcionan recursos y apoyo adicionales.

La historia de Jonathan: Reconstruir el autocuidado a través de los límites

Jonathan era la persona en la que la gente confiaba. Como director de una bulliciosa organización sin ánimo de lucro, pasaba los días resolviendo problemas, apoyando a su equipo y haciendo malabarismos con un sinfín de responsabilidades. Fuera del trabajo, era la persona a la que acudían amigos y familiares. Le encantaba ayudar, pero esta exigencia constante tenía un coste. Un día, Jonathan se dio cuenta de lo agotado que estaba; su profunda fuente de compasión se había secado.

De niño, Jonathan a menudo sentía que tenía que ganarse el amor y la aprobación siendo el "responsable". Estos patrones se mantuvieron en la edad adulta, cuando su miedo a defraudar a los demás le llevó a decir "sí" a todo el mundo. Jonathan se sentía culpable por poner límites, preocupado de que pudiera parecer egoísta.

Una noche, tras perder otra oportunidad de relajarse por la llamada urgente de un colega, Jonathan llegó a su punto de ruptura. Decidió que las cosas tenían que cambiar. Empezó a acudir a un terapeuta que le ayudó a explorar las raíces de su tendencia a complacer a la gente y su miedo a no ser necesitado. Descubrieron que estos comportamientos tenían su origen en sus primeras experiencias e inseguridades de apego.

Jonathan empezó a identificar momentos en los que podía dedicarse tiempo a sí mismo sin sacrificar sus responsabilidades. Su terapeuta le animó a replantearse los límites para preservar su capacidad de cuidar de los demás a largo plazo. Uno de sus primeros cambios fue dedicar 15 minutos cada mañana a tomar un café y reflexionar antes de sumergirse en las exigencias del día.

Jonathan practicó a decir "no" a las peticiones no esenciales, ensayando respuestas firmes y amables. En el trabajo, delegó tareas con más eficacia, confiando en que su equipo las asumiera como propias. En casa, compartió su necesidad de equilibrio con su familia y descubrió que la mayoría respetaba su sinceridad e incluso le animaba a cuidarse

Jonathan se tomó un fin de semana para sí mismo y, por primera vez en años, se sintió realmente en paz. Mientras escribía un diario sobre su viaje, se dio cuenta de que cuidarse no era egoísta, sino esencial. Al satisfacer sus necesidades, no abandonaba a los demás, sino que los atendía de forma más plena y auténtica.

La historia de Jonathan nos recuerda que si abordamos los patrones de apego y adoptamos el autocuidado como una parte no negociable de la vida, podemos restaurar la resiliencia emocional, profundizar en las conexiones y crear espacio para dar y recibir amor más libremente.

Creación de un plan de autocuidado personalizado

Crear un plan de autocuidado personalizado puede ayudarte a mantenerte en el buen camino. Empieza por evaluar tus prácticas actuales de autocuidado. ¿Qué está haciendo bien? ¿Qué necesita mejorar? Identifica las áreas en las que puedes hacer cambios pequeños y manejables. Fíjate objetivos de autocuidado realistas que encajen en tu vida diaria:

- **Pequeños pasos:** Si le cuesta dormir, fíjese el objetivo de acostarse 15 minutos antes cada noche. Si le cuesta hacer ejercicio, comprométase a hacer ejercicios sencillos en la silla durante 5 minutos o a dar un paseo corto, aumentando gradualmente la actividad.

- **Constancia:** Programa actividades regulares de autocuidado como cualquier otra cita importante. Utiliza recordatorios en el teléfono o en el calendario para rendir cuentas.
- **Flexibilidad:** Modifica tu plan en función de tus progresos y de la información que recibas. El autocuidado no es universal; lo que te conviene puede evolucionar con el tiempo.

Elemento interactivo: Hoja de trabajo del plan de autocuidado

1. **Reflexiona.** Anota tus prácticas actuales de autocuidado. ¿En qué aspectos tienes éxito y en cuáles podrías mejorar?
2. **Establezca objetivos.** Identifica un objetivo de autocuidado físico, emocional y social. Si te parece demasiado abrumador para empezar, elige un área y ve añadiéndolas poco a poco hasta que consigas las tres.
3. **Planifica.** Decide cómo y cuándo incorporar estos objetivos a tu rutina diaria.
4. **Evalúe.** Al cabo de una semana, reflexione sobre cómo le han hecho sentir estos cambios. Ajusta tu plan si es necesario.

Reflexiones finales

En resumen, el autocuidado no es un lujo sino una necesidad durante la curación de un trauma. Si cuida su bienestar físico y emocional, elabora un plan de autocuidado adaptado a sus necesidades y se apoya en una red de apoyo, sentará las bases para un crecimiento sostenible. Recuerde que autocuidado es un viaje, no un destino: evoluciona a medida que usted lo hace, proporcionándole la fuerza necesaria para afrontar los retos y aceptar la curación. Celebra cada paso adelante, por pequeño que sea, como una victoria en tu camino hacia la resiliencia y la renovación.

SIETE

Puentes Y Fronteras

DOMINAR LA COMUNICACIÓN Y ENCONTRAR EL EQUILIBRIO

> *El mayor problema de la comunicación es la ilusión de que se ha producido.*
>
> George Bernard Shaw

En las relaciones, la comunicación es el mapa que nos guía, pero ¿qué ocurre cuando el mapa no está claro o no sabemos cómo ? Con demasiada frecuencia, nos encontramos perdidos en un laberinto de malentendidos, donde las necesidades no expresadas y las intenciones malinterpretadas hacen que ambas partes se sientan desconectadas y frustradas.

La comunicación eficaz es algo más que hablar; se trata de comprender y expresar claramente tus necesidades. Es una habilidad que tiende puentes entre la confusión y la claridad, transformando la forma de conectar con los demás. Si aprendes a comunicarte con eficacia, podrás crear relaciones más sólidas y auténticas en las que tú y tu pareja os sintáis realmente vistos y comprendidos.

El arte de la comunicación eficaz

La comunicación eficaz requiere expresar los pensamientos y sentimientos de forma clara y concisa para que la otra persona los entienda fácilmente. La claridad en la comunicación no sólo depende de las palabras elegidas, sino también de cómo se pronuncian. Utilizar un lenguaje sencillo y directo evita malentendidos y transmite eficazmente el mensaje.

La escucha activa es igualmente vital. ¿Has tenido alguna vez una conversación en la que alguien te haya escuchado atentamente? Te hace sentir reconocido, como si participaran de verdad en lugar de esperar su turno para hablar. La escucha activa implica centrarse por completo en el interlocutor, mantener el contacto visual y ofrecer pequeñas afirmaciones verbales para mostrar compromiso. Significa dejar a un lado distracciones, juicios y pensamientos para escuchar de verdad a la otra persona, transformando las interacciones en intercambios significativos.

Las señales no verbales influyen significativamente en la comunicación. El lenguaje corporal, las expresiones faciales y el tono pueden transmitir tanto como las palabras. Por ejemplo, los brazos cruzados pueden indicar actitud defensiva, mientras que el contacto visual sostenido sugiere apertura. Sonreír, asentir con la cabeza e inclinarse ligeramente hacia delante ( ) expresan una implicación activa en la conversación, lo que fomenta una conexión y un entendimiento más profundos.

La comunicación verbal implica elegir cuidadosamente las palabras para transmitir tus pensamientos y sentimientos. Esto significa ser específico y directo, evitando al mismo tiempo el lenguaje vago. Por ejemplo, en lugar de decir: "Nunca ayudas en casa", podrías expresar: "Me siento abrumada haciendo todas las tareas sola. ¿Podemos encontrar la manera de compartir estas responsabilidades?". Esta frase aclara tus sentimientos y fomenta un diálogo constructivo.

La inteligencia emocional es esencial para una comunicación eficaz. Implica gestionar las emociones y empatizar con los sentimientos de los demás. Por ejemplo, si tu pareja parece disgustada, aborda sus sentimientos con empatía diciéndole: "Hoy pareces un poco decaído. ¿Quieres que hablemos de ello?" demuestra sintonía emocional y le ayuda a sentirse valorado.

Diversas barreras pueden obstaculizar una comunicación eficaz, como los malentendidos y las suposiciones. Asumir que se entienden los pensamientos o sentimientos de otra persona puede desencadenar conflictos. Las respuestas emocionales y los desencadenantes se suman a la dificultad; cuando uno está disgustado o a la defensiva, resulta más difícil escuchar y participar reflexivamente. Una escucha activa insuficiente amplifica estos problemas y dificulta la capacidad de comprender realmente el punto de vista de la otra persona.

Una comunicación clara minimiza los malentendidos y los conflictos, fomentando la confianza, el respeto y la transparencia en las relaciones. Si te expresas con claridad y escuchas activamente, aumentarás la confianza en ti mismo y te volverás más hábil en el manejo de las conversaciones y la resolución de conflictos.

Las estrategias prácticas pueden ayudar a superar las barreras de comunicación. Las técnicas de escucha activa le mantienen presente y participativo durante los debates. La escucha reflexiva (parafrasear lo que ha dicho la otra persona) garantiza la comprensión y demuestra un interés genuino. Pedir aclaraciones en caso de duda evita malentendidos y refuerza la conexión entre usted y su interlocutor.

Elemento interactivo: Ejercicio de escucha reflexiva

Mejore su capacidad de comunicación practicando la escucha reflexiva.

- **Elige un compañero.** Elige a alguien con quien te sientas cómodo hablando, como un amigo, un compañero o un compañero de trabajo.
- **Comparte una historia.** Comparta por turnos una historia breve o una experiencia reciente. El oyente se concentra totalmente en lo que se dice, sin interrumpir ni planear su respuesta.
- **Parafrasear.** Después de que el orador hable, el oyente parafrasea lo que ha oído con sus propias palabras. Por ejemplo: "Parece que te sentiste frustrado cuando pasó eso".
- **Dar feedback.** El orador evalúa si el oyente ha captado correctamente los puntos principales y las emociones.
- **Reflexiona.** Hable de cómo se sintió al ser escuchado de verdad y cómo se sintió al centrarse en comprender en lugar de responder.

Comunicación asertiva: Expresarse con confianza

La comunicación asertiva consiste en expresar tus pensamientos y sentimientos abiertamente, sin miedo ni dudas. Esta forma de comunicación respeta tanto tus necesidades como las de los demás, estableciendo un equilibrio que fomenta el entendimiento mutuo. Implica ser directo y honesto, asegurándose de que el mensaje es claro y las intenciones transparentes.

Desarrollar la asertividad es una habilidad que puede transformar sus interacciones. Empieza por desarrollar la confianza en uno mismo, que puede alimentarse con afirmaciones positivas. Se trata de afirmaciones que te repites a ti mismo, reforzando tu creencia en tu capacidad para comunicarte eficazmente. Por ejemplo, decirte a ti mismo: "Soy capaz de expresar mis necesidades con claridad" puede aumentar tu confianza con el tiempo. Practicar la asertividad en diversos contextos también es crucial. Empieza por expresar tu opinión en grupo o pedir lo que necesitas en casa. Cada éxito se basa en el anterior, reforzando gradualmente tu confianza y tu capacidad para hacerte valer en situaciones más difíciles.

El impacto de la comunicación asertiva en las relaciones es profundo. Cuando te expresas con asertividad, tu mensaje es claro y directo, lo que reduce los malentendidos. Esta claridad minimiza el margen de malinterpretación, fomentando una interacción más armoniosa. La asertividad también aumenta el respeto mutuo. Al comunicarte abiertamente, demuestras respeto por tus necesidades y las de tu interlocutor, animándole a hacer lo mismo. Este respeto mutuo allana el camino a la cooperación, ya que ambas partes se sienten valoradas y comprendidas. Los conflictos se convierten en oportunidades de crecimiento, ya que la comunicación asertiva invita a buscar soluciones en lugar de culpar a los demás.

Elemento interactivo: Afirmaciones para la asertividad

- Mi voz importa y merezco expresar mis necesidades con claridad y confianza.
- Está bien decir no sin sentirse culpable; poner límites es una forma de amor propio.
- Puedo comunicar mis pensamientos y sentimientos con honestidad sin dejar de respetar a los demás.
- Tengo derecho a defenderme y dar prioridad a mi bienestar emocional.
- Me siento segura, tranquila y clara cuando defiendo lo que necesito.

Para practicar la comunicación asertiva, considera la posibilidad de participar en ejercicios de simulación. Estas actividades te permiten simular situaciones de la vida real y te proporcionan un espacio seguro para practicar la expresión de tus necesidades. Por ejemplo, puedes representar una conversación en la que pides apoyo a un amigo en un momento estresante. Al ensayar estas interacciones, puedes perfeccionar tu enfoque y encontrar las palabras y el tono adecuados para transmitir tu mensaje con eficacia. Llevar un diario es otra herramienta valiosa para reflexionar sobre tus experiencias con la comunicación asertiva. Después de una conversación, tómate un momento para escribir lo que ha ido bien y lo que podría mejorarse. Esta reflexión te ayudará a identificar patrones y áreas de crecimiento, reforzando tus habilidades asertivas a lo largo del tiempo.

Ejercicio de reflexión: Trazar su puente de comunicación

Analice sus patrones de comunicación para establecer conexiones más sólidas.

- **Paso 1: Reflexione sobre los valores compartidos.** Qué intereses, objetivos o valores compartidos forman la base de tu conexión con una persona concreta?
- **Paso 2: Evalúa los estilos de comunicación.** ¿En qué se diferencia tu estilo de comunicación del de ellos? ¿Qué dificultades se derivan de estas diferencias?
- **Paso 3: Ajusta y alinea.** Anota los ajustes que puedes hacer para adaptarte mejor a su estilo, manteniendo tus propios límites y necesidades.
- **Paso 4: Crear espacios estructurados.** Identifique oportunidades para crear espacios seguros y estructurados para el diálogo abierto. Por ejemplo, reuniones semanales o momentos designados para abordar preocupaciones.

Estas experiencias son bloques de construcción, cada uno de los cuales contribuye a tu confianza y a tu capacidad para comunicarte abiertamente. Mientras sigues practicando la comunicación asertiva, recuerda que es un viaje, no un destino. Requiere paciencia y persistencia, pero la recompensa merece la pena. Con cada paso que des, te acercarás más a unas relaciones ricas en comprensión y respeto, en las que tu voz se oirá y se escuchará de verdad.

Establecer límites: Proteger el bienestar emocional

Es fácil sentirse abrumado en una calle concurrida de una ciudad desconocida, sin saber adónde ir. En las relaciones, los límites son como esas carreteras, que aportan claridad en medio del caos. Definen el espacio emocional y físico aceptable, protegiendo nuestro bienestar y garantizando la autonomía y el respeto. Los límites saludables son flexibles pero firmes, y fomentan la seguridad sin aislarnos. Nos ayudan a navegar por las relaciones con confianza, sabiendo que se respetan nuestras necesidades. Los límites poco saludables pueden ser demasiado rígidos o laxos, y dar lugar a que nos sintamos atrapados o que se aprovechen de nosotros.

Establecer límites personales y relacionales empieza por ser consciente de uno mismo. Los ejercicios de reflexión ayudan a identificar lo que necesitas para sentirte seguro y cómodo. Piensa en lo que te hace sentir irrespetado o abrumado; escribe tus pensamientos para identificar patrones y desencadenantes. Esta reflexión aclara los límites necesarios. Una vez identificados, comunícalos asertivamente expresando tus límites con claridad y respeto, sin disculparte. Aunque resulte incómodo al principio, es un paso vital para unas relaciones sanas. Recuerda que los límites sirven para proteger tu espacio y tu bienestar, no para controlar a los demás.

Mantener los límites puede resultar difícil. Puede que tengas que enfrentarte a la resistencia de personas acostumbradas a dinámicas anteriores, que pondrán a prueba los límites que has establecido. Es crucial mantenerse firme y reforzar continuamente los límites. Los sentimientos de culpa o incertidumbre pueden complicar aún más el establecimiento de límites, haciéndole dudar de si está siendo poco razonable o egoísta. Aunque se trata de una lucha común, es vital recordar que los límites son necesarios para el autocuidado, no un signo de egoísmo. Desempeñan un papel crucial en la prevención del agotamiento y el resentimiento, permitiéndote participar en tus relaciones de forma más plena y auténtica.

Ejercicio de reflexión: Establecer límites con claridad

Aprender a establecer límites que favorezcan el equilibrio y el respeto mutuo en las relaciones.

- Paso 1: Identifique las áreas clave. Reflexione sobre dónde se siente demasiado exigido o emocionalmente agotado. Las áreas más comunes son:
    - Compromisos de tiempo
    - Disponibilidad emocional
    - Frecuencia de comunicación
- **Paso 2: Escribe un límite.** Utiliza un lenguaje claro y asertivo para definir un límite que te gustaría establecer. Por ejemplo: "Necesito las tardes para recargar pilas, así que no responderé a los correos electrónicos del trabajo después de las 7 de la tarde".
- **Paso 3: Practica cómo comunicarlo.** Ensaya el límite en voz alta o con un amigo de confianza para ganar confianza.
- **Paso 4: Reflexiona sobre la reacción.** Una vez que hayas expresado tu límite, presta atención a tus emociones y a la reacción de la otra persona. Haz los ajustes necesarios.

Utiliza esta reflexión para identificar las áreas en las que podrías necesitar reforzar o ajustar tus límites. Practica la articulación de estos límites, imaginando cómo los comunicarías a los demás. Este ejercicio te ayudará a comprender mejor tus necesidades y te capacitará para proteger tu bienestar emocional en todas tus relaciones.

Inteligencia emocional en la comunicación y los límites

La inteligencia emocional (IE) no es sólo una habilidad personal: la piedra angular de la comunicación eficaz y el establecimiento de límites. Te capacita para navegar por las conversaciones con sensibilidad, reconocer las emociones que se esconden bajo la superficie y responder con empatía y claridad. Cuando se está en sintonía emocional, se crea un espacio para la comprensión y la confianza mutuas, lo que facilita la resolución de conflictos y el refuerzo de límites saludables.

La inteligencia emocional permite abordar una situación con reflexión en lugar de ignorar las emociones de los demás o sacar conclusiones precipitadas. Una frase sencilla y empática como: "*Hoy pareces un poco decaído. ¿Quieres hablar de ello?*" puede cambiar por completo la dinámica. Al reconocer sus sentimientos sin juzgarlos, demuestras interés y fomentas la conexión.

La inteligencia emocional también ayuda cuando hay límites de por medio. Imagina que un amigo te llama durante tus horas de mayor actividad, interrumpiendo tu flujo de trabajo. Sin Inteligencia Emocional, podrías reaccionar de forma impulsiva, contestándole bruscamente o evitando por completo sus llamadas. En cambio, la autoconciencia y la autorregulación te permiten reconocer tu propia frustración, hacer una pausa y responder de forma constructiva. Podrías decir: "*Valoro nuestras conversaciones, pero las tardes son difíciles para mí debido al trabajo. ¿Podemos hablar por la tarde?*". Este enfoque equilibra la asertividad con la empatía, garantizando que se comunican tus necesidades sin dañar la relación.

Elemento interactivo: Practicar la sintonía emocional

Desarrollar la inteligencia emocional identificando y abordando las emociones en las interacciones de la vida real.

- **Paso 1: Observación**
  - Elija una interacción reciente en la que las emociones no fueran evidentes de inmediato.
  - Reflexiona sobre el tono, el lenguaje corporal o la elección de palabras. ¿Qué emociones puede haber experimentado la otra persona?
- **Paso 2: Reconocer las emociones**
  - Practica frases como: "Pareces disgustado. ¿Quieres hablar de ello?" o "Parece que estás muy entusiasmado con esto. ¿Puedes contarme más?".
- **Paso 3: Diario sobre la interacción**
  - Escribe qué emociones percibiste, cómo las reconociste y la respuesta de la otra persona.
  - Reflexiona sobre lo que has aprendido acerca de su estado emocional y cómo tu sintonía ha influido en la interacción.

Practicar la sintonía emocional reforzará su capacidad para mantener conversaciones delicadas y establecer límites con cuidado. La inteligencia emocional transforma las relaciones y crea puentes de comprensión y respeto.

Convertir el conflicto en conexión: Soluciones duraderas

El conflicto es una parte natural de cualquier relación. Si se abordan con cuidado, pueden conducir a un entendimiento más profundo e incluso reforzar el vínculo entre los miembros de la pareja. Piense en el último desacuerdo que haya tenido: ¿ha revelado frustraciones ocultas o necesidades insatisfechas? Si se abordan de forma constructiva, estos momentos pueden suscitar conversaciones significativas y fomentar el crecimiento.

Por qué son importantes los conflictos

Los conflictos no son sólo discusiones; son una forma de expresar necesidades y frustraciones que pueden quedar en el aire. Aunque suponen un reto, estos momentos brindan la oportunidad de aclarar expectativas, explorar soluciones y fomentar el respeto mutuo. Lejos de ser una señal de problemas, el conflicto sano suele ser un signo de que dos personas están invirtiendo en la relación.

Herramientas para transformar conflictos

1. **La escucha activa: La clave para sentirse escuchado**
    - En el fragor de un desacuerdo, es fácil centrarse en defender tu postura en lugar de escuchar de verdad a tu interlocutor. La escucha activa cambia la dinámica al demostrar que valoras su punto de vista.
        - Reflexiona sobre lo has oído para confirmar lo que has entendido. Por ejemplo, si tu pareja dice: "Me siento agobiada cuando no me ayudas con las tareas domésticas", : "Tú te sientes estresado cuando yo no contribuyo a las tareas. ¿Es ?". Este sencillo paso puede rebajar la tensión y fomentar un diálogo productivo.

2. **Encontrar un terreno común: Centrarse en objetivos comunes**
    - Los conflictos suelen surgir al sentir que vuestras necesidades están reñidas. Pero bajo la superficie, puede que compartáis objetivos comunes.
        - **Ejemplo:** Si uno de los dos quiere más tiempo de calidad y el otro necesita espacio personal, transigid acordando una cita semanal respetando el tiempo a solas. Identificar las prioridades compartidas puede convertir los desacuerdos en una solución colaborativa de los problemas.
3. **El enfoque colaborativo: Resolver problemas juntos**
    - En lugar de ver conflicto como un ataque personal, trátalo como un reto que estáis afrontando en equipo.
        - **Desglósalo.** Identifica el problema y buscad juntos soluciones. Por ejemplo, si el estrés financiero está causando tensiones, diseña un presupuesto que alivie la presión y funcione para
        -

Elemento interactivo: El mapa de resolución de conflictos

Utilice este ejercicio para gestionar los desacuerdos de forma constructiva.

- **Paso 1: Recuerda un conflicto.** Piensa en un desacuerdo reciente. Escribe qué desencadenó, cómo te sentiste y cómo respondiste.
- **Paso 2: Identificar las necesidades.** Reflexiona sobre las necesidades subyacentes que impulsan tu perspectiva. ¿Qué necesidades pueden haber impulsado la perspectiva de la otra persona?

- **Paso 3: Practica la escucha activa.** Represente la conversación con usted mismo o con un amigo de confianza. Practica respuestas reflexivas para comprender la perspectiva de la otra persona.
- **Paso 4: Encontrar un terreno común**. Escribe un objetivo o valor compartido que pueda ayudar a resolver el problema de forma colaborativa.
- **Paso 5: Planificar juntos.** Elabora un plan de acción para abordar el conflicto de forma constructiva y evitar futuros malentendidos similares.

Los conflictos no tienen por qué . Escuchando activamente, buscando puntos en común y trabajando en equipo, los desacuerdos pueden convertirse en oportunidades para profundizar en vuestra conexión. Recuerda que el objetivo no es ganar, sino crecer juntos, creando una relación en la que ambos se sientan valorados y comprendidos.

Navegar por la comunicación circular: Romper el ciclo

La comunicación circular puede parecer un tiovivo frustrante en el que las discusiones se eternizan sin solución. Es posible que vuelvas sobre los mismos argumentos una y otra vez, con la esperanza de que se produzca un avance, sólo para volver al punto de partida. Estos ciclos suelen exacerbar las emociones, haciendo que los pequeños desacuerdos parezcan monumentales. Este patrón puede erosionar la conexión y hacer que ambas partes se sientan desoídas y desconectadas.

Reconocer el ciclo

El primer paso para liberarte es reconocer cuándo estás atascado. La comunicación circular suele implicar:

- **Rehacer argumentos pasados:** Volver sobre los mismos puntos sin avanzar.
- **Escalada emocional:** La frustración y la tensión aumentan a medida que la conversación se desarrolla en espiral.
- **Una sensación de déjà vu:** atrapado en la misma discusión una y otra vez.
- **Agotamiento tras las conversaciones:** Salir de las conversaciones sintiéndose emocionalmente agotado en lugar de resuelto.

Si notas estas señales, es hora de hacer una pausa y reflexionar. Reconocer el patrón es la clave para romperlo.

Estrategias para romper el ciclo

1. **Identificar la causa**
    - Los desacuerdos superficiales a menudo ocultan emociones profundas no resueltas o necesidades insatisfechas. Tómate un momento para reflexionar sobre lo que está provocando el conflicto. ¿Buscas tranquilidad, claridad o algo totalmente distinto?
2. **Establecer objetivos claros**
    - Antes de iniciar la conversación, defina lo que espera conseguir. Ya sea encontrar un terreno común, resolver un problema o simplemente ser escuchado,

fijar una intención mantiene la conversación centrada y constructiva.

3. **Introducir límites**
   - Limite el tiempo dedicado a los temas acalorados. Por ejemplo, acuerda volver a tratar el tema más tarde si no se llega a una solución en un plazo determinado. De este modo, ambas partes tienen espacio para procesar y abordar la con una mentalidad más calmada.
4. **Practicar la escucha activa**
   - La comunicación circular suele deberse a que ambos interlocutores se sienten incomprendidos o no escuchados. Comprométase a escuchar de verdad el punto de vista de su interlocutor sin interrumpirle ni sacar conclusiones precipitadas. Utiliza frases reflexivas como "Lo que oigo es..." para confirmar la comprensión.
5. **Cambiar la dinámica**
   - Aborde la conversación con curiosidad en lugar de a la defensiva. Haga preguntas abiertas para explorar los sentimientos y necesidades de la otra parte. Por ejemplo: "¿Puedes ayudarme a entender qué es lo más importante para ti en esta situación?".

Elemento interactivo: El ejercicio de pausa y reflexión

Cuando notes que una conversación empieza a entrar en bucle, prueba este sencillo ejercicio:

1. **Pausa**. Tómate un momento para detener la discusión. Diga algo como: "Me parece que estamos dando vueltas en círculo. ¿Podemos dar un paso atrás?".

2. **Reflexionen por separado.** Ambos se toman 5 minutos para anotar:
    - Lo que sienten es la principal.
    - Qué necesitan de la conversación.
3. **Compartir una idea.** Tras la pausa, cada persona comparte una idea que haya obtenido durante la reflexión. Este cambio suele romper el ciclo y abre la puerta a un debate más centrado y productivo.

Sarah y Mark: transformar el conflicto en colaboración

Sarah y Mark temían las conversaciones sobre dinero. Cada discusión se convertía en una acalorada discusión, presa de la frustración. Sarah veía los gastos de Mark como imprudentes, mientras que Mark veía a Sarah como excesivamente controladora. Las conversaciones se repetían: palabras airadas, agotamiento emocional y nunca un plan claro para avanzar.

Al darse cuenta de que estos enfrentamientos estaban afectando a su relación, Sarah y Mark decidieron buscar orientación. Con ayuda, descubrieron los miedos que impulsaban sus discusiones. Para Sarah, la estabilidad financiera estaba profundamente ligada a un sentimiento de seguridad, formado por una infancia marcada por la escasez. Para Mark, gastar dinero era una expresión de independencia, un valor al que se había aferrado tras crecer en un entorno restrictivo.

Armados con esta idea, decidieron cambiar su enfoque de las conversaciones financieras. En lugar de lanzarse a la conversación sin estar preparados, empezaron a escribir individualmente sus preocupaciones y objetivos de antemano. Esto les permitió a ambos organizar sus pensamientos y emociones en , asegurándose de que la conversación comenzaba desde un lugar de claridad y no a la defensiva. También incorporaron revisiones financieras periódicas centradas en la celebración de los progresos, como el pago de deudas o la consecución de un hito de ahorro, lo que contribuyó a reforzar su propósito común.

Estos pasos, pequeños pero intencionados, transformaron la forma en que Sarah y Mark se comunicaban sobre finanzas. Lo que antes era una fuente de tensión se convirtió en una oportunidad para colaborar y generar confianza. Sus desacuerdos ya no se sentían como batallas que ganar, sino como momentos para conectar y fortalecerse como pareja.

Reconocer la comunicación circular y aplicar estas estrategias puede transformar las discusiones repetitivas en oportunidades de claridad y conexión. Las relaciones prosperan con la comprensión, y romper el ciclo de conversaciones improductivas es un paso hacia una intimidad más profunda y el respeto mutuo.

La escucha activa: Crear empatía y comprensión

Imagínese verter agua en un colador: fluye y nunca se queda. Lo mismo ocurre cuando falta la escucha activa. Escuchar activamente es algo más que oír; es estar plenamente presente y comprometido. Es una forma de decir: "Te valoro a ti y a lo que tienes que decir", prestando toda tu atención a la que tienes delante.

La esencia de la escucha activa

La escucha activa consiste en sumergirse en el momento. Significa dejar a un lado las distracciones -teléfonos, pensamientos errantes- y centrarse por completo en el interlocutor. Este tipo de presencia envía una poderosa señal que fomenta la conexión y la confianza. Pero no se trata sólo de las palabras, sino de entender las emociones que hay detrás de ellas. La escucha activa tiende un puente entre el interlocutor y tú, abriendo la puerta a una comunicación significativa.

Habilidades clave para la escucha activa

1. **Escucha reflexiva**
   - Parafrasea lo que ha dicho el orador para confirmar que lo has entendido. Esta técnica refleja sus palabras, garantiza la claridad y demuestra tu compromiso. Por ejemplo:
     - Orador: "Me siento abrumado por todas las tareas".
     - A ti: "Así que sientes que las tareas son demasiado para manejar en este momento. ¿Es así?"
2. **Cuestiones no verbales**
   - Los pequeños gestos pueden tener un gran impacto. Asentir con la cabeza, mantener el contacto visual e inclinarse ligeramente hacia delante son señales de atención y empatía. El silencio también es una herramienta: las pausas permiten al orador ordenar sus ideas y demuestran que estás considerando en profundidad sus palabras.
3. **Empatía y presencia**
   - Ir más allá de las palabras para comprender las emociones que hay detrás de ellas. Para ello hay que entrar en el mundo del interlocutor e imaginar sus sentimientos y su perspectiva.

Por qué es importante la escucha activa

La escucha activa fortalece las relaciones al generar confianza y respeto mutuo. Cuando alguien se siente realmente escuchado, es más probable que comparta abiertamente, lo que reduce los malentendidos y fomenta conexiones más profundas. Los conflictos se convierten en oportunidades de crecimiento, ya que ambas partes se sienten valoradas y comprendidas. Las conversaciones pasan de ser simples intercambios de información a momentos de auténtica conexión.

La escucha activa no es sólo una habilidad; es una forma de estar presente con los demás. Al cultivar esta práctica, puedes transformar las interacciones cotidianas en momentos significativos que fomenten la confianza, la empatía y la comprensión.

Elemento interactivo: Ejercicio de escucha activa

Ejercicio: Escuchar con empatía

1. **Elige un tema.** Una persona elige un tema que le interese: puede ser un acontecimiento reciente, un reto o un recuerdo feliz.
2. **Escuchar con atención.** Mientras el orador habla, el oyente se centra por completo en lo que se dice, sin intervenir ni planear una respuesta. Presta atención al tono, las emociones y los puntos clave del orador.
3. **Responder reflexivamente.** Una vez que el orador habla, el oyente responde identificando y validando las emociones que hay detrás de la historia. Por ejemplo: "Suena como si te sintieras emocionado por ese logro" o "Eso debe haber sido frustrante para ti".

4. **Aclarar y conectar.** El oyente hace una o dos preguntas aclaratorias para profundizar en la comprensión, como "¿Qué parte de eso fue más importante para ti?" o "¿Puedes contarme más sobre cómo te hizo sentir eso?".
5. **Cambia los papeles.** Después de la conversación, cambia los papeles y repite el ejercicio.
6. **Reflexiona:** Comenten juntos la experiencia. ¿Qué sentiste al centrarte en las emociones y la comprensión en lugar de sólo en los hechos? ¿Qué has notado en tu forma de comunicarte con tu pareja?

Ejercicio de reflexión: Practicar la claridad en la comunicación

Perfeccione su capacidad para comunicarse con claridad y eficacia.

- **Paso 1: Reflexione sobre un malentendido reciente.** Escribe lo que intentabas transmitir y cómo fue recibido.
- **Paso 2: Identifique mejoras.** Piensa en cómo podrías haberte expresado con más claridad. Concéntrate en:
    - Utilizar frases con "yo" (por ejemplo, "Me sentí herido cuando cancelaste nuestros planes").
    - Ser conciso y directo.
- **Paso 3: Reescribe el mensaje.** Practica reescribiendo tu mensaje original para hacerlo más claro y constructivo.
- **Paso 4: Aplícalo.** Utiliza estas habilidades en tu próxima conversación importante y reflexiona sobre el resultado.

Reflexiones finales

Volviendo al núcleo de la comunicación, recuerda que escuchar es la base del entendimiento. Es el compañero silencioso de toda conversación, que apoya y guía el intercambio. Con esta base, nos centraremos en fomentar conexiones emocionales más profundas, explorando cómo alimentar relaciones que sean seguras y satisfactorias.

OCHO

De La Inseguridad a La Fuerza

EL ARTE DEL APEGO SEGURO

> *Ser digno de confianza es un cumplido mayor que ser amado.*
>
> George MacDonald

Algunas personas caminan por una ciudad bulliciosa con confianza y sin esfuerzo, entrelazándose entre los demás. Otras, en cambio, vacilan a cada paso, inseguras de su equilibrio. Lo mismo ocurre con las relaciones: algunas se desenvuelven con facilidad y otras luchan por encontrar el equilibrio. ¿Y si pudieras moverte por tus relaciones con la misma confianza y seguridad en tus vínculos? Este capítulo explora las características del apego seguro, un estilo que sienta las bases de unas relaciones sanas y satisfactorias. El apego seguro no consiste en tener todas las respuestas ni en no equivocarse nunca. Se trata de confiar en uno mismo y en los demás, comunicarse abiertamente y sentirse a gusto con la intimidad y la independencia.

Características del apego seguro: La base de las relaciones sanas

El núcleo del apego seguro es la confianza en uno mismo y en las relaciones. Esta confianza se deriva de un sólido sentido de la autoestima y de la convicción de que uno es digno de amor y respeto. Las personas con apego seguro entablan relaciones con franqueza y resiliencia, confiando en su capacidad para afrontar conflictos y retos sin poner en peligro su autoestima. Esta confianza les guía a través de los entresijos del amor y la conexión, permitiéndoles aceptar la vulnerabilidad y confiar en sí mismos y en su pareja.

El apego seguro se nutre de la comunicación y la comprensión mutuas. Imagínese una conversación en la que ambos miembros de la pareja se sientan realmente escuchados, comprendidos y valorados, en la que puedan expresar sus pensamientos y sentimientos sin temor a ser juzgados. Dan prioridad al diálogo sincero para satisfacer las necesidades de su pareja y asegurarse de que las suyas propias se expresan y respetan. Escuchan activamente el punto de vista de su pareja y se sienten igualmente capacitados para compartir el suyo, lo que infunde confianza, apertura y colaboración.

Otra característica clave es la disponibilidad emocional, que promueve una sensación de seguridad para ambos miembros de la pareja. Esto no implica que una persona ofrezca siempre consuelo; significa establecer una relación en la que ambos individuos se sientan cómodos buscando y ofreciendo apoyo. Entienden que sus emociones son tan válidas como las de su pareja, y se esfuerzan por crear un entorno en el que ambos puedan expresarse libremente y sin miedo. Este equilibrio posibilita la intimidad y la independencia, permitiendo a los miembros de la pareja perseguir el crecimiento personal sin dejar de estar conectados.

Las ventajas del apego seguro van más allá de la mera relación. La sensación de seguridad reduce el estrés y la ansiedad, al tiempo que favorece la calma y la estabilidad. La seguridad emocional y la confianza aumentan la satisfacción en las relaciones y favorecen el bienestar personal. Imaginemos una pareja que habla abiertamente de su futuro, armonizando las aspiraciones individuales con los objetivos compartidos mediante el respeto y la comprensión mutuos. Estas experiencias captan la esencia del apego seguro, un vínculo fundado en la confianza, el respeto y la responsabilidad conjunta por el bienestar de la relación.

Ejercicio de reflexión: Explora tu estilo de apego

Reflexiona sobre cómo influye tu estilo de apego en tus relaciones e interacciones.

- **Paso 1: Reconocer patrones**
  - ¿Cómo suele expresar sus necesidades a sus seres queridos? ¿Eres directo o vacilas a la hora de compartirlas abiertamente?
  - Cuando alguien expresa sus emociones o necesidades, ¿cómo respondes? ¿Te sientes cómodo ofreciéndole apoyo o te sientes abrumado?
  - ¿Los conflictos les hacen sentirse inseguros o desconectados, o se sienten seguros al afrontarlos juntos?
- **Paso 2: Escribe tus reflexiones**
  - Escribe sobre los patrones o comportamientos recurrentes que observes y cómo afectan a tus relaciones.

Mientras reflexionas, busca tus puntos fuertes y tus áreas de crecimiento. Identifica los momentos en los que has mostrado comportamientos de apego seguro, como mostrar empatía, comunicarte con claridad o fomentar la confianza. Al mismo tiempo, fíjate en las áreas en las que te gustaría crecer, como practicar la vulnerabilidad, gestionar los conflictos de forma constructiva o expresar tus emociones con más confianza.

Si te sientes cómodo, considera la posibilidad de compartir estas reflexiones con tu pareja. Aborde la conversación con franqueza, invitándole a compartir sus pensamientos. Este diálogo puede servir como punto de partida en para construir conexiones más profundas, comprensión y crecimiento mutuo dentro de tu relación.

Inteligencia emocional: La clave para asegurar los vínculos

La inteligencia emocional es la piedra angular del apego seguro. Le permite manejar las emociones, propias y ajenas, con empatía, conciencia y resiliencia. La Inteligencia Emocional te ayuda a crear un entorno de seguridad emocional en el que tanto tú como tu pareja os sentís valorados y apoyados. Te capacita para abordar la vulnerabilidad como una fortaleza, cultivando la confianza y la intimidad en tus relaciones.

Navegar por la vulnerabilidad con seguridad emocional

Suponga que nota que su pareja se aleja tras un desacuerdo. Sin inteligencia emocional, es fácil malinterpretar su comportamiento como indiferencia o rechazo. La respuesta natural puede ser una actitud defensiva o de frustración, lo que agrava la división.

Pero con autoconciencia y empatía, te paras a reflexionar antes de reaccionar. Reconoces su retraimiento como un signo de dolor o agobio, no de hostilidad. En lugar de agravar la situación, te acercas con cuidado y le dices: *"Me he dado cuenta de que has estado callado desde nuestra conversación de antes. ¿Te encuentras bien? Me gustaría hablar de ello cuando estés preparado".*

Este tipo de respuesta tiene tres efectos cruciales:

- Valida las emociones sin culpar a nadie.
- Crea una apertura al diálogo en lugar de al conflicto.
- Demuestra preocupación por sus sentimientos, fomentando la confianza y la conexión.

Los patrones de apego inseguro suelen tener su origen en el miedo a la vulnerabilidad, ya sea a la hora de expresar las propias emociones o de comprender las de la pareja. La Inteligencia Emocional te permite ver estos momentos como oportunidades para crear cercanía en lugar de barreras.

Expresar las necesidades con claridad y vulnerabilidad

La inteligencia emocional también te capacita para comunicar tus necesidades con eficacia. Para muchos, expresar sus necesidades es arriesgado, porque les da miedo el rechazo o que les consideren "demasiado". Sin embargo, reprimir las emociones o exteriorizarlas puede dañar las relaciones con el tiempo.

La Inteligencia Emocional replantea la vulnerabilidad como una fortaleza. Por ejemplo, si te sientes inseguro sobre el comportamiento de tu pareja, puedes decir: "Últimamente me siento inseguro. Significaría mucho para mí si pudiéramos hablar de . Valoro nuestra relación y quiero asegurarme de que estamos de acuerdo".

Este enfoque combina autoconocimiento, empatía y habilidades sociales. Reconoce tus emociones, enmarca tus necesidades de forma constructiva e invita a la colaboración en lugar del conflicto. Al expresarte abiertamente, fomentas un sentimiento de confianza y seguridad emocional que favorece un apego seguro.

Construir juntos la seguridad emocional

Las relaciones de apego seguras prosperan cuando ambos miembros de la pareja se sienten emocionalmente seguros. La seguridad emocional no consiste en que una persona cargue con el peso de la relación, sino en que ambas se sientan apoyadas y consideradas. Esta dinámica anima a ambos miembros de la pareja a:

- Expresar sus sentimientos sin miedo a ser juzgados.
- Confiar en que su pareja responderá con atención y empatía.
- Manejar los desacuerdos de forma constructiva, evitando patrones de evitación o escalada.

Pasos prácticos para reforzar la inteligencia emocional y el apego seguro

- **Haz una pausa antes de reaccionar.** Cuando te invadan las emociones, tómate un momento para respirar y reflexionar. ¿Qué está sintiendo? ¿Qué puede estar sintiendo tu pareja?
- **Valide las emociones.** Reconoce los sentimientos de tu pareja y respeta los tuyos, aunque no los entiendas del todo.

- **Exprese sus necesidades con claridad.** Utiliza frases con "yo" para compartir tus sentimientos y necesidades de forma constructiva.
- **Busque la comprensión mutua.** Haga preguntas abiertas como: "¿Qué tienes en mente?" o "¿Qué puedo hacer para ayudarte ahora mismo?".
- **Reflexiona sobre los progresos.** Celebre las pequeñas victorias en su relación, como resolver un desacuerdo con calma o expresar una necesidad vulnerable.

Practicando estos pasos, alimentas tu inteligencia emocional y tu capacidad para cultivar comportamientos de apego seguro, creando relaciones basadas en la confianza, la empatía y el crecimiento mutuo.

Elemento interactivo: Reflexionar y responder

Desarrollar la inteligencia emocional equilibrando el conocimiento de uno mismo, la empatía y el establecimiento de límites.

- **Paso 1: Reflexionar sobre un conflicto reciente**
  - ¿Qué emociones experimentaste y influyeron en tu comportamiento?
  - ¿Cómo respondiste a las emociones de la otra persona?
- **Paso 2: Evalúe su respuesta**
  - ¿Priorizaste tus propias necesidades a la vez que empatizabas con la otra persona?
  - ¿Cómo podría haberse comunicado de forma más eficaz, equilibrando la claridad con el cuidado?

- **Paso 3: Practicar una declaración equilibrada**
  - Reescribe cómo podrías abordar la situación utilizando una declaración equilibrada y basada en la Inteligencia Emocional. Por ejemplo:
    - "Siento [emoción] y me gustaría [expresar una necesidad o un límite]. ¿Cómo te sientes al respecto?"
    - Me doy cuenta [de su emoción], y me entender más a la vez que comparto mi perspectiva".

Practicando este , puedes favorecer la comprensión y la conexión mutuas, fortaleciendo tus relaciones y tu seguridad emocional.

Ejercicio de reflexión: Diario de empatía

Dedica un tiempo cada semana a reflexionar sobre una interacción que haya puesto a prueba tu capacidad de empatía.

- Escribe sobre las emociones implicadas, tanto las tuyas como las de la otra persona.
- Piense en lo que podría haber hecho de otra manera para mejorar la comprensión y la conexión.
- Reflexiona sobre cómo la práctica de la empatía ha influido en tus relaciones a lo largo del tiempo.

Creación de una base segura en las relaciones

En la teoría del apego, una base segura ofrece un equilibrio entre arraigo y crecimiento, proporcionando seguridad y libertad para explorar. Se refiere a una presencia fiable y alentadora que te permite asumir riesgos, enfrentarte a retos y abordar las complejidades de la vida con la seguridad de que siempre puedes volver a un refugio seguro. Para las personas con un estilo de apego ansioso, establecer y reconocer este tipo de seguridad puede conducir a un cambio significativo.

Una base segura se construye sobre tres pilares fundamentales: coherencia, disponibilidad emocional y autonomía. Coherencia significa saber que tu pareja estará ahí cuando la necesites. La disponibilidad emocional crea un espacio en el que los sentimientos pueden expresarse y validarse sin miedo. La autonomía os anima a crecer como individuos, manteniendo al mismo tiempo el vínculo que os une . Estos pilares crean una base en la que ambos se sienten seguros siendo ellos mismos y explorando las posibilidades de la vida.

Reconocer y construir una base segura

Construir una base segura suele empezar por comprender tus necesidades y reconocer la importancia de la reciprocidad en las relaciones. No se trata de esperar que tu pareja satisfaga todas tus necesidades emocionales sin esfuerzo por tu parte. Se trata más bien de fomentar el apoyo mutuo, la confianza y la comprensión.

- **Coherencia**: Busca acciones cotidianas que demuestren fiabilidad. ¿Su pareja cumple sus compromisos? ¿Mantiene abierta la comunicación? Al mismo tiempo, reflexiona sobre tu coherencia a la hora de dar la cara por tu pareja. ¿Cumples tus promesas? ¿Es fiable tanto en los fáciles como en los difíciles? La coherencia es una vía de doble sentido que genera confianza a través de la responsabilidad compartida. Estos signos de fiabilidad son los cimientos de una base segura.

- **Disponibilidad emocional**: Presta atención a cómo se expresan y reciben las emociones en tu relación. ¿Te sientes seguro compartiendo tus sentimientos y escuchando abiertamente cuando tu pareja comparte los suyos? Disponibilidad emocional significa crear un espacio para que ambos se sientan escuchados, comprendidos y validados. Considera cómo puedes estar emocionalmente presente para tu pareja manteniendo los límites.
- **Autonomía**: Apoyar la individualidad es clave para una base segura. Fomente la independencia del otro respetando sus objetivos personales, sus aficiones y su tiempo libre. Reflexiona sobre si dejas espacio para la autonomía de tu pareja al tiempo que afirmas la tuya propia. El equilibrio es vital: las relaciones sanas prosperan cuando ambos miembros de la pareja se sienten libres para crecer sin miedo a perder la conexión.

Sophie y Daniel: crear confianza mediante la coherencia y la disponibilidad emocional

Sophie y Daniel llevaban saliendo ocho meses, pero el estilo de apego ansioso de Sophie a menudo la hacía sentirse insegura sobre la relación. Cuando Daniel tenía que viajar por trabajo, Sophie se preocupaba por la distancia, temiendo que pudiera debilitar su vínculo.

En lugar de reprimir sus preocupaciones o buscar consuelo constantemente, Sophie se comunicó abiertamente. Le dijo a Daniel: "Me pone nerviosa que estemos separados mientras viajas. Me ayudaría si pudiéramos fijar una hora cada día para vernos".

Daniel apreció la sinceridad de Sophie y aceptó el plan. Durante su viaje, se llamaron todas las noches, compartiendo su día y reconectándose. Sophie también intentó centrarse en sus objetivos mientras Daniel estaba fuera, pasando tiempo con sus amigos y retomando las aficiones que le gustaban.

Cuando Daniel regresó, expresó su agradecimiento por la franqueza de Sophie y por cómo las llamadas diarias habían reforzado su conexión. Sophie, a su vez, se sintió reconfortada por la constancia y la presencia de Daniel, lo que le permitió confiar más profundamente en la relación. Con el tiempo, su capacidad para comunicarse y apoyarse mutuamente se convirtió en la piedra angular de su base de seguridad.

Pasos prácticos para cultivar una base segura

Fortalezca sus relaciones fomentando la seguridad emocional y la confianza.

- **Cree rituales compartidos.** Establezca rutinas que le proporcionen comodidad y previsibilidad, como una cena semanal, visitas periódicas o conversaciones matutinas. Estos rituales pueden afianzar la relación en momentos de cambio o estrés.
- **Practica la presencia intencionada.** Preséntense el uno al otro en los momentos críticos, ya sea celebrando un hito u ofreciendo consuelo en un momento difícil. Reconoce cuándo necesitas pedir presencia y .
- **Celebre el esfuerzo mutuo.** Reconozca cuando usted y su pareja intentan cuidar la relación. La gratitud fomenta la positividad y refuerza los comportamientos seguros.

- **Establezca límites con empatía.** Comunique sus necesidades con claridad y respete los límites de su pareja. Este equilibrio ayuda a ambos a sentirse seguros y valorados.

Cultivar la confianza y la intimidad: Los pilares de las relaciones seguras

La confianza y la intimidad son la base de las relaciones seguras, que crean un entorno en el que los miembros de la pareja se sienten vistos, valorados y seguros para ser ellos mismos. Sin embargo, estas cualidades pueden resultar difíciles de alcanzar si las experiencias pasadas han socavado la sensación de seguridad, dando lugar a un estilo de apego ansioso. Sin embargo, la confianza y la intimidad no son inalcanzables: son habilidades y conexiones que pueden cultivarse mediante el esfuerzo constante y la sintonía emocional.

Imagina una relación en la que te sientas libre para compartir tus miedos y sueños más profundos, sabiendo que recibirás empatía y aceptación. Este nivel de conexión desarrolla la intimidad, tendiendo un puente entre dos individuos para crear un paisaje emocional compartido. Construir la confianza y la intimidad lleva tiempo, pero la recompensa de una relación sólida basada en la comprensión mutua bien merece el esfuerzo.

El papel de la inteligencia emocional y una base segura

La confianza y la intimidad prosperan cuando ambos miembros de la pareja se sienten emocionalmente seguros, y la inteligencia emocional (Inteligencia Emocional) es clave para crear esa seguridad. La Inteligencia Emocional le ayuda a reconocer sus necesidades y emociones y a sintonizar con las de su pareja. Cuando se combina con una base segura, resulta más fácil navegar por la vulnerabilidad y fomentar conexiones más profundas.

Por ejemplo, expresar tus sentimientos abiertamente, aunque te parezca arriesgado, es un rasgo distintivo de la intimidad. En lugar de reprimir tus miedos o deseos, puedes decir: *"Me pone nervioso compartir esto, pero quiero ser sincero porque confío en ti".* Esta transparencia invita a tu pareja a responder con empatía, lo que refuerza la confianza y fortalece la intimidad emocional.

Una base segura también favorece el equilibrio entre cercanía y autonomía. Saber que puedes confiar en tu pareja manteniendo tu individualidad permite una relación conectada y liberadora.

Pasos prácticos para generar confianza e intimidad

Utilice ejercicios prácticos para profundizar en la confianza y fomentar la intimidad emocional.

- **Rituales de conexión:** Establezca rituales diarios o semanales que den prioridad al tiempo de calidad juntos, como una cita diaria o una "cita nocturna" semanal sin distracciones.
- **Vulnerabilidad mutua:** Empiece por expresar un temor o un deseo e invite a su pareja a hacer lo mismo. Con el tiempo, estos momentos de apertura reforzarán vuestro vínculo.
- **Equilibrar cercanía e independencia:** Discutir abiertamente los límites, como la necesidad de tiempo a solas para recargar pilas y respetar la individualidad de cada uno.

- **Reconocer y reparar los fallos de confianza:** Si se rompe la confianza, aborda el problema con sinceridad y trabajad juntos para reconstruirla. Ofrece una disculpa sincera o establece nuevos límites para evitar futuros malentendidos.
- **Experiencias compartidas:** Construyan recuerdos juntos a través de actividades compartidas, como explorar nuevas aficiones, viajar o emprender un proyecto casero. Estas experiencias crean un sentimiento de compañerismo y recuerdan la alegría de estar juntos.

Cindy y Ethan: Profundizar en la intimidad a través de la conexión personal

Aunque Cindy y Ethan llevaban juntos varios años, a menudo ella dudaba en compartir sus sentimientos más profundos. Aunque su relación estaba llena de amor, a ella le costaba abrirse a los miedos e inseguridades que arrastraba desde la infancia. Una noche, tras notar que Ethan parecía distante, Cindy decidió dar un paso hacia una intimidad más profunda.

"He estado sintiéndome insegura sobre algo", empezó vacilante. "A veces me preocupa no ser lo bastante buena para ti, y me asusta que un día tú también te des cuenta".

Ethan levantó la vista, sorprendido. "Cindy, nunca he pensado eso", dijo suavemente. "Eres más que suficiente para mí, y odio que te sientas . ¿Qué puedo hacer para que te sientas más segura con nosotros?".

Cindy sintió una oleada de alivio. "No lo sé", admitió. "Pero oírte decir eso ayuda más de lo que crees".

A partir de entonces, Ethan hizo un esfuerzo consciente por hablar con Cindy sobre sus sentimientos, creando un espacio para que expresara sus pensamientos sin miedo a ser juzgada. Cindy, a su vez, practicó compartir más su mundo interior, incluso cuando se sentía incómoda. Estos momentos de sinceridad profundizaron su intimidad y permitieron que Cindy se sintiera vista y valorada como nunca antes.

Comprender la vulnerabilidad y la intimidad

La historia de Cindy y Ethan pone de relieve una distinción clave: aunque la vulnerabilidad y la intimidad están estrechamente relacionadas, no son lo mismo. La vulnerabilidad consiste en abrirse y revelar sus miedos, esperanzas e inseguridades. Implica asumir riesgos emocionales, como admitir que te sientes inseguro o compartir una preocupación personal que normalmente ocultarías. La vulnerabilidad requiere valentía y confianza en uno mismo y en la pareja.

La intimidad, por otra parte, es la conexión más profunda que surge de la vulnerabilidad. Es la cercanía que sientes cuando tu verdadero yo se encuentra con la comprensión, la aceptación y el cuidado. La intimidad consiste en ser plenamente visto y valorado en momentos de alegría, desafíos e incertidumbres.

Juntas, la vulnerabilidad y la intimidad crean una dinámica poderosa en las relaciones. La vulnerabilidad abre la puerta y la intimidad sienta las bases de la confianza, la seguridad emocional y el crecimiento compartido.

Mantener la confianza y la intimidad

Crear confianza e intimidad es un proceso continuo que requiere atención y cuidado. He aquí algunas estrategias para mantener estos componentes esenciales:

- **Revisen sus compromisos.** Reflexione periódicamente sobre sus objetivos y valores comunes. ¿Siguen alineados? ¿Hay áreas que necesitan ajustes o renovación?
- **Celebre los hitos.** Dedique tiempo a reconocer su crecimiento como pareja, ya sea superando un reto o alcanzando un objetivo compartido.
- **Comuníquese a través de los retos.** Cuando surja un conflicto, acérquese a él como una oportunidad para el entendimiento y no para la división. Utiliza el "yo" y trabaja en colaboración para encontrar soluciones.

La confianza y la intimidad no tienen que ver con la perfección, sino con crear una relación en la que ambos se sientan seguros, comprendidos y profundamente conectados. Al fomentar estas cualidades, se construye una relación que puede superar los retos de la vida, al tiempo que alimenta el amor y el respeto que os unen.

Pasos prácticos para reforzar los vínculos afectivos seguros: Un viaje de pequeños pasos

Construir vínculos seguros es un viaje de pequeños pasos intencionados que, con el tiempo, crean un cambio duradero. No se trata de perfección, sino de progreso: aprender a comunicarse con más eficacia, gestionar las emociones de forma constructiva y generar confianza en uno mismo y en los demás. Estas prácticas fortalecen tus relaciones y mejoran tu bienestar emocional general.

Cada paso es un paso hacia la creación de una base de seguridad y conexión. Ya sea practicando una nueva técnica de comunicación, reflexionando sobre experiencias pasadas o escuchando intencionadamente a un ser querido, cada esfuerzo es importante.

Medidas prácticas básicas

1. **Comunicación: Expresar las necesidades y construir la comprensión**

La comunicación clara y abierta es la piedra angular de un apego seguro. Para muchas personas con apego ansioso, expresar sus necesidades puede resultar arriesgado, pero aprender a comunicarse eficazmente ayuda a crear confianza y conexión.

Práctica: Ejercicio sobre el enunciado "yo

- Identifique una necesidad que haya dudado en expresar.
    - Escríbelo utilizando el formato de enunciado "Yo": "Siento [emoción] cuando [situación]. Significaría mucho para mí si [acción específica]".
    - Ejemplo: "Me siento agobiado cuando hacemos planes de última hora. Significaría mucho para mí si pudiéramos planificar las cosas antes".

Este enfoque le ayuda a expresar sus sentimientos de forma constructiva, al tiempo que invita a la colaboración en lugar del conflicto.

2. **Regulación emocional: Gestionar los desencadenantes con autocompasión**

A veces, las emociones fuertes pueden desbordar las relaciones, sobre todo las derivadas de experiencias pasadas. Desarrollar habilidades de regulación emocional te ayuda a manejar el estrés y fomenta la estabilidad en tus relaciones.

La práctica: El Plan Calma

- Cuando notes que te agobias emocionalmente:

1. **Haz una pausa.** Respira hondo y aléjate si es necesario.
2. **Etiqueta tu emoción**. Identifica tus sentimientos (por ejemplo, ira, miedo, tristeza).
3. **Tranquilízate.** Utiliza una técnica de enraizamiento para calmar la mente, como nombrar cinco cosas que veas a tu alrededor.

Esta práctica te ayuda a responder de forma reflexiva en lugar de impulsiva, lo que refuerza tu confianza y tus relaciones.

4. **Fomento de la confianza: Demostrar fiabilidad con pequeños detalles**

La confianza se construye con acciones constantes a lo largo del tiempo. No hace falta que sean grandes gestos: los pequeños actos de fiabilidad suelen tener el impacto más significativo.

La práctica: El Rastreador de Fiabilidad

- Elija una pequeña acción para fomentar la confianza esta semana, como cumplir una promesa o llegar a tiempo a un compromiso.
- Anótalo y reflexiona al final de la semana: ¿Lo has cumplido? ¿Qué sentiste al demostrar fiabilidad?

Al centrarte en la coherencia, refuerzas la confianza, no sólo en tus relaciones, sino también en ti mismo.

5. **Autoconocimiento y crecimiento: Reflexión sobre los patrones**

Comprender tus patrones de apego es fundamental para crear relaciones seguras. Reflexionar te ayuda a identificar las áreas en las que es necesario crecer y a celebrar tus progresos.

Ejercicio de reflexión: Diario para el autoconocimiento

Reserve 10 minutos para responder a estas preguntas:

- "¿Qué situación reciente desencadenó inseguridad o dudas en mis relaciones?".
- "¿Cómo he respondido y qué haría diferente la próxima vez?".
- "¿Qué pequeña acción puedo llevar a cabo hoy para reforzar la seguridad en mí mismo o en mis contactos?".

Esta reflexión te ayuda a clarificar tus patrones y te capacita para realizar cambios intencionados.

Cada paso que das hacia un apego seguro refuerza los cimientos de tus relaciones. Practicando una comunicación clara, gestionando las emociones, generando confianza y reflexionando sobre tu crecimiento, estarás creando espacio para conexiones más profundas y seguridad emocional. Celebra tus progresos, por pequeños que sean, y recuerda que este viaje consiste en construir unos cimientos seguros y afectuosos para ti y para los que te importan.

Reflexiones finales

Para concluir este capítulo sobre la creación de vínculos seguros, recuerda que cada paso que das para fomentar la confianza y la intimidad refuerza los lazos que mantienen unida tu relación. Estos elementos no son fijos; evolucionan y crecen con el tiempo, moldeados por la práctica de una comunicación clara, la gestión de las emociones y el fomento de la confianza. Al reflexionar sobre tu crecimiento, las experiencias compartidas y el entendimiento mutuo, creas espacio para conexiones más profundas y seguridad emocional entre tú y tu pareja. En el próximo capítulo, exploraremos cómo navegar por las relaciones con diferentes estilos de apego, proporcionando herramientas y conocimientos que te ayudarán a adaptarte y prosperar en diversas dinámicas relacionales.

NUEVE

Armonizar Los Corazones

COMPRENDER LOS ESTILOS DE APEGO EN LAS RELACIONES

> *La comprensión es el primer paso para la aceptación, y sólo con aceptación puede haber amor.*
>
> J.K Rowling

Piense en una sinfonía en la que cada instrumento aporta un sonido único.sonidopara crear una melodía armoniosa. Las relaciones son muy parecidas, y el estilo de apego de cada miembro de la pareja contribuye a la dinámica general. Por supuesto, a veces las relaciones se parecen más a la orquesta afinando antes del concierto: caóticas, discordantes y difíciles de soportar.

Comprender el estilo de apego de tu pareja es como aprender a leer música: te dota de las herramientas necesarias para crear armonía y sortear la discordia. Al igual que un músico debe dominar su instrumento para tocar en sincronía con los demás, comprender las necesidades emocionales de su pareja aumenta la empatía y reduce los conflictos. Este conocimiento te permite adaptar tu comunicación, fomentando una relación equilibrada y profundamente conectada.

Sintonizando: Comprender el estilo de apego de su pareja

Las relaciones prosperan cuando los miembros de la pareja se entienden. Reconocer el estilo de apego de su pareja es un paso poderoso para fomentar la empatía, reducir los conflictos y profundizar en su conexión. Los estilos de apego determinan la forma en que expresamos el amor, gestionamos el estrés y vivimos la intimidad. Si aprendes a "sintonizar" con los patrones emocionales y las respuestas de tu pareja, podrás obtener información valiosa sobre sus necesidades y miedos, a la vez que reflexionas sobre .

Cómo identificar el estilo de apego de su pareja

Cada estilo de apego tiene rasgos únicos. Para entender mejor el estilo de tu pareja, empieza por observar sus comportamientos y respuestas emocionales:

- **¿Cómo responden al estrés?** ¿Buscan consuelo, se alejan o fluctúan entre ambas?
- **¿Cómo expresan su afecto?** ¿Se sienten cómodos con la cercanía física y emocional, o tienden a crear distancia?
- **¿Cómo manejan los conflictos?** ¿Afrontan los problemas de frente, los evitan o se agobian?

Entablar conversaciones sobre relaciones pasadas también puede arrojar luz sobre los patrones de apego. Por ejemplo, preguntar a tu pareja sobre sus experiencias con la confianza o la cercanía emocional puede ayudarte a entender cómo esas experiencias moldearon sus comportamientos actuales.

Las herramientas interactivas, como los cuestionarios de apego, pueden aclarar aún más su dinámica. Hacer un test juntos puede ser una forma divertida y esclarecedora de explorar cómo interactúan sus estilos e influyen en su relación.

Navegar por las diferencias con empatía

Los estilos de apego no existen de forma aislada, sino que conforman y son conformados por la dinámica de la relación. Por ejemplo:

- **Ansioso y evasivo**: Una pareja ansiosa puede desear seguridad, mientras que una pareja evasiva valora la independencia. Este desajuste puede generar tensiones, pero también ofrece oportunidades de crecimiento.
- **Ansioso y seguro**: Una pareja segura puede ofrecer la estabilidad y la validación que necesita una pareja ansiosa, mientras que la pareja ansiosa aporta profundidad emocional a la conexión.

La clave está en abordar estas diferencias con empatía y curiosidad, en lugar de juzgarlas. Adaptarse al estilo de su pareja implica pequeños ajustes intencionados, como:

- Proporcionar espacio y autonomía a una pareja evitativa.
- Ofrecer tranquilidad verbal y coherencia a un compañero ansioso.

- Mantener una comunicación abierta para crear una comprensión compartida de los factores desencadenantes y las necesidades.

Estos esfuerzos contribuyen a crear un entorno emocionalmente seguro en el que ambos miembros de la pareja pueden prosperar.

Ejercicio de reflexión: Sintoniza con tu dinámica

Conozca mejor sus pautas de relación reflexionando sobre las dinámicas clave.

- **Paso 1: Observar**
  - ¿Qué pautas observas en las respuestas de tu pareja al estrés, el afecto y los conflictos?
  - Anota ejemplos concretos de estos patrones y cómo afectan a tus interacciones.
- **Paso 2: Comprometerse**
  - Mantén una conversación abierta con tu pareja sobre los estilos de apego. Comparte tus observaciones e invítale a hacer lo mismo.
  - Explore cómo interactúan sus estilos y cómo pueden apoyarse mutuamente en sus necesidades.
- **Paso 3: Explorar juntos**
  - Realicen en equipo un cuestionario de apego. Debatid qué os parece a cada uno e identificad áreas de crecimiento.

Armonizar su relación

Al igual que un músico ajusta su tempo para alinearse con el director, sintonizar con el estilo de apego de su pareja consiste en encontrar un ritmo que funcione para ambos. Comprendiendo las necesidades de tu pareja y adaptándote a ellas, y animándola a hacer lo mismo, puedes transformar los momentos de discordia en oportunidades para conectar.

Recuerda que no se trata de un esfuerzo puntual, sino de una práctica continua de curiosidad, comunicación y crecimiento. Con paciencia e intención, crearás una relación que resuene con comprensión, empatía y armonía.

Encontrar el equilibrio: Navegar por dinámicas ansioso-ansiosas

Cuando dos personas con un estilo de apego ansioso se unen, la relación puede parecer un torbellino de emociones: apasionada y profundamente conectada, pero a veces abrumadora. Ambos miembros de la pareja pueden ansiar la cercanía, la validación y la seguridad, lo que puede conducir a ciclos de dependencia mutua o a una mayor ansiedad. Aunque estas dinámicas pueden ser un reto, también representan una oportunidad para el crecimiento profundo y la curación mutua.

Los retos de las dinámicas ansioso-ansiosas

En las relaciones en las que ambos miembros de la pareja comparten un estilo de apego ansioso, el deseo de reafirmación puede amplificar las inseguridades. Por ejemplo:

- **Sobrecarga emocional:** Ambos miembros de la pareja pueden recurrir al otro simultáneamente en busca de apoyo, creando momentos en los que ninguno se siente completamente calmado.

- **Miedo al rechazo:** El miedo compartido al abandono puede llevar a la búsqueda constante de validación, dejando poco espacio para la regulación emocional individual.
- **Escalada de conflictos:** Los malentendidos pueden convertirse rápidamente en discusiones, ya que ambos miembros de la pareja reaccionan emocionalmente ante las amenazas que perciben en la relación.

Equilibrio y seguridad en la construcción

Crear una dinámica estable y segura requiere intención y esfuerzo mutuo. He aquí algunas estrategias clave:

1. **Practicar el autoalivio**
    - Cuando surjan sentimientos de inseguridad, haga una pausa antes de buscar el consuelo de su pareja. Realice una actividad tranquilizadora, como respirar profundamente, escribir un diario o ejercicios de conexión con la tierra. Desarrollar habilidades de autorregulación ayuda a reducir la intensidad emocional y desarrolla la resiliencia individual.
2. **Establecer límites saludables**
    - Discuta los límites de la comunicación y el apoyo emocional. Por ejemplo, acuerden momentos de reflexión o actividades individuales, asegurándose de que cada miembro de la pareja tiene espacio para recargar las pilas. Los límites ayudan a prevenir el desgaste emocional y fomentan el equilibrio en la relación.

3. **Centrarse en tranquilizar positivamente**
    - En lugar de insistir en los miedos, destaca lo que funciona bien en tu relación. Comparte afirmaciones como: "*Te agradezco mucho el apoyo que me has dado hoy, me has hecho sentir querida*". El refuerzo positivo refuerza la confianza y la seguridad.
4. **Buscar juntos el crecimiento**
    - Acudan a terapia de pareja o exploren recursos de autoayuda para comprender mejor su dinámica de apego. Trabajar juntos para mejorar la comunicación y la regulación emocional crea un camino compartido hacia la seguridad.

Ryan y Emily: Equilibrio de las necesidades emocionales

Emily y Ryan tenían un estilo de apego ansioso, lo que a menudo provocaba intensidad emocional en su relación. Cuando Ryan no respondía rápidamente a un mensaje de texto, Emily sentía una oleada de pánico y se imaginaba lo peor. Al mismo tiempo, Ryan, al notar la ansiedad de Emilyse preocupaba de haberla disgustado, lo que alimentaba aún más sus propias inseguridades.

Una noche, tras una discusión especialmente acalorada por falta de comunicación, decidieron enfocar su relación de otra manera. Juntos pusieron límites a los mensajes de texto: si uno de los dos estaba ocupado y no podía responder, enviaba un emoji o un mensaje rápido del tipo: *"Ahora mismo no puedo hablar, pero te llamaré más tarde"*.

También empezaron a practicar técnicas para tranquilizarse. Emily empezó a escribir un diario cuando se sentía ansiosa, para procesar sus emociones antes de acudir a Ryan. Ryan, por su parte, empezó a hacer ejercicios de atención plena para calmar sus pensamientos acelerados.

Poco a poco, Emily y Ryan descubrieron que podían confiar en sí mismos para controlar sus ansiedades sin dejar de apoyarse mutuamente. Su relación se convirtió en una relación estable en la que ambos se sentían valorados y seguros.

Pasos prácticos para las relaciones ansioso-ansiosas

1. **Compruébalo a diario.** Dedica un tiempo cada día a compartir tus pensamientos y sentimientos sin distracciones. Esta práctica refuerza la conexión a la vez que reduce la necesidad de reafirmación constante.
2. **Establezca acuerdos para tranquilizarse.** Decidan pequeñas formas significativas de tranquilizarse mutuamente en momentos de estrés, como un abrazo rápido o un mensaje alentador.
3. **Cultivar el crecimiento individual.** Busquen aficiones, objetivos o intereses personales que les proporcionen una sensación de satisfacción fuera de la relación. La independencia refuerza su capacidad para afrontar juntos los retos.
4. **Celebra los progresos.** Reconozca y celebre los momentos en los que ambos han manejado una situación estresante de forma constructiva. Esto refuerza los comportamientos positivos y fomenta la confianza mutua.

Encontrar la armonía en la vulnerabilidad compartida

Una relación ansioso-ansiosa es una dinámica única que requiere una navegación cuidadosa y que puede fomentar una profundidad y una conexión increíbles. Practicando el autoconocimiento, desarrollando habilidades de regulación emocional y trabajando en colaboración, puedes crear una relación en la que ambos se sientan apoyados, valorados y seguros.

Ejercicio de reflexión: Encontrar el equilibrio en la ansiedad compartida

Respetar el impacto de la dinámica de ansiedad compartida en la relación e identificar formas de crear equilibrio.

- **Paso 1: Identifique sus desencadenantes**
  - ¿Qué situaciones de tu relación suelen aumentar tu ansiedad? ¿Cómo sueles responder?
- **Paso 2: Reconocer el ciclo**
  - Piense en un momento reciente en el que tanto usted como su pareja se sintieran ansiosos. ¿Cómo reaccionó cada uno? ¿Amplificaron sus reacciones las emociones del otro?
- **Paso 3: Explorar la autosuficiencia emocional**
  - ¿Qué estrategias has utilizado en el pasado para calmarte cuando te sientes inseguro?
  - ¿Qué nuevas estrategias podrías probar para tranquilizarte antes de buscar el consuelo de tu pareja?
- **Paso 4: Centrarse en los puntos fuertes**
  - ¿Qué cualidades aportáis tú y tu pareja a la relación que ayudan a equilibrar vuestras ansiedades? ¿Cómo

podéis utilizar estos puntos fuertes para apoyaros de forma más eficaz?

Mezcla de estilos: Estrategias para armonizar diferentes estilos de apego

Navegar por una relación con estilos de apego mixtos puede ser como equilibrarse en la cuerda floja: las necesidades de proximidad e independencia de cada miembro de la pareja pueden chocar, creando momentos de tensión y malentendidos. Sin embargo, estas diferencias también suponen una oportunidad única de crecimiento y conexión. Si aprenden a comprender y adaptarse a las necesidades de apego de cada uno, podrán crear una relación que celebre su individualidad al tiempo que fomenta el respeto mutuo y la armonía.

Entender la dinámica de los estilos mixtos

En las relaciones mixtas, las diferencias pueden plantear retos como:

- **Malinterpretación de las acciones**: El miembro de la pareja que busca espacio puede percibir la cercanía como algo abrumador, mientras que el miembro de la pareja que desea conexión puede interpretar la independencia como rechazo.
- **Desajustes en la comunicación**: Un miembro de la pareja puede preferir una comunicación frecuente y directa, mientras que el otro prefiere intercambios más sutiles u ocasionales, lo que provoca frustración.

Reconocer estas pautas es el primer paso para salvar las distancias. En lugar de ver las diferencias como obstáculos, tómenlas como oportunidades para aprender unos de otros.

Estrategias para armonizar las diferencias

1. **Establecer objetivos y valores compartidos**
   - Alinear lo que ambos quieren de la relación crea una base que trasciende las diferencias de apego. Hablen de sus sueños, sus valores y lo que esperan construir juntos.
   - Ejemplo: Uno de los miembros de la pareja puede desear más tiempo de calidad juntos, mientras que el otro prioriza mantener sus aficiones personales. Encontrar un equilibrio que respete ambas necesidades refuerza la relación de pareja.
2. **Practicar la escucha activa y la empatía**
   - Comprender el punto de vista de tu pareja ayuda a reducir la tensión y cultiva la conexión. Escucha sus sentimientos y valida sus emociones, aunque no estés del todo de acuerdo.
   - Ejemplo: Si su pareja necesita tiempo a solas, responda con empatía en lugar de frustración: "Entiendo que necesites tiempo para recargar pilas. Volvamos a conectar más tarde; me encantaría que me contaras cómo te ha ido el día".
3. **Programar reuniones de control de relaciones**
   - Hable regularmente de lo que funciona y de lo que podría mejorarse. Estas conversaciones intencionadas garantizan que ambas partes se sientan escuchadas y valoradas.

- Por ejemplo: "Me siento más conectado cuando planificamos tiempo para hablar sin distracciones".

4. **Destacar los puntos fuertes de cada uno**
   - Considere sus diferencias como complementarias en lugar de conflictivas. La pareja que valora la independencia puede servir de modelo de autosuficiencia, mientras que la que busca la conexión puede aportar profundidad emocional a la relación.
   - Reflexión: ¿Qué puntos fuertes admiras en tu compañero? ¿Cómo puedes aprender de su perspectiva?
5. **Fijación de objetivos en colaboración**
   - Establezca objetivos de relación que satisfagan las necesidades de ambos. Planificar actividades que fomenten la conexión, respetando al mismo tiempo el tiempo que cada uno puede dedicarse a sí mismo.

Chris y Donna: un puente entre la cercanía y la independencia

Chris y Donna discutían a menudo sobre cómo pasaban los fines de semana. Para Donna, que se inclinaba hacia un estilo de apego ansioso, los fines de semana eran una oportunidad para profundizar su conexión a través de actividades compartidas como cocinar, ir de excursión o simplemente pasar tiempo juntos. Por otro lado, , Chris tenía un estilo de apego evitativo y veía los fines de semana como una oportunidad para recargar pilas después de una semana ajetreada y esperaba tener tiempo para leer, trabajar en sus aficiones o simplemente relajarse en soledad.

Un viernes por la noche, Donna expresó su frustración: "Siento apenas te veo durante la semana y luego, los fines de semana, no quieres que pasemos tiempo juntos. Me hace sentir que no soy importante para ti".

Cogido por sorpresa, Chris respondió a la defensiva: "No es que no quiera estar contigo. Sólo necesito tiempo para relajarme. Cuando no lo tengo, me siento abrumado".

Al darse cuenta de que estaban atrapados en un patrón de malentendidos, Donna y Chris decidieron enfocar el asunto de otra manera. Hablaron abiertamente de sus necesidades y, por turnos, cada uno expresó lo que esperaba obtener de sus fines de semana. Donna dijo que se sentía más tranquila y conectada cuando planeaban actividades específicas juntos. Al mismo tiempo, Chris explicó que disponer de tiempo a solas no estructurado le permitía mostrarse más pleno cuando estaban juntos.

Después de una lluvia de ideas, llegaron a un acuerdo: los sábados los reservarían para actividades compartidas, como senderismo o el mercado agrícola, cosas que les gustaban a los dos. Los domingos serían "tiempo para mí", donde cada uno podría recargar pilas sin sentirse culpable o resentido.

Con el tiempo, este plan se convirtió en su nuevo ritmo. Donna se sentía segura sabiendo que tenían tiempo para conectar, y Chris apreciaba el espacio para mantener su independencia. Su comunicación abierta y su voluntad de encontrarse a medio camino fortalecieron su relación, y ambos se sintieron valorados y respetados.

Ejercicio de reflexión: Necesidades de apego

Comprenda y armonice las necesidades de apego dentro de su relación.

- **Paso 1: Reconozca sus patrones**
  - ¿Qué le hace sentirse más seguro en su relación?
  - ¿Cómo reacciona cuando las necesidades de su pareja difieren de las suyas?
- **Paso 2: Identificar los puntos fuertes complementarios**
  - ¿Qué puntos fuertes aporta tu pareja a la relación que equilibren los tuyos?
  - ¿Cómo puede aprovechar estas diferencias como oportunidades de crecimiento?
- **Paso 3: Fijar un objetivo común**
  - Identifiquen un objetivo que puedan fijarse juntos para armonizar sus necesidades de apego. Escribe cómo contribuiréis los dos a alcanzar ese objetivo.

Los estilos de apego mixtos no son obstáculos, sino oportunidades para ampliar la conciencia emocional y las habilidades relacionales. Fomentando la empatía, aceptando el compromiso y celebrando los puntos fuertes de cada uno, se puede crear una relación que prospere gracias al crecimiento y la conexión mutuos. Juntos, vuestras diferencias se convierten en una fuente de resiliencia, transformando la posible discordia en una relación armoniosa.

Puente y espacio: Apoyar a una pareja evasiva

El apego evitativo suele manifestarse como una marcada preferencia por la independencia y la autosuficiencia. Las parejas con este estilo pueden encontrar incómoda la cercanía emocional y verla con reticencia y aprensión. Aunque pueden disfrutar de la compañía, a menudo necesitan tiempo y espacio para recargarse. Este comportamiento no es necesariamente una falta de afecto, sino un reflejo de su necesidad de gestionar la intensidad emocional que puede conllevar la intimidad.

Esta dinámica puede resultar confusa para la pareja de una persona con apego evitativo. La necesidad de espacio puede interpretarse como distancia emocional o desinterés, lo que crea malentendidos y frustración. La pareja evitativa también puede tener dificultades para expresar sus emociones, por miedo a parecer vulnerable o dependiente. Esta dificultad para compartir puede dejar a su pareja insegura sobre la profundidad de la conexión. Para superar estas dificultades se requiere paciencia, empatía y la voluntad de respetar su necesidad de autonomía y, al mismo tiempo, fomentar momentos de conexión.

Claire y Tom: Crear confianza respetando el espacio

Aunque Claire y Tom llevaban juntos varios años, sus diferentes formas de relacionarse seguían provocando tensiones. Con su estilo de apego evitativo, Tom se sentía más a gusto cuando tenía mucho tiempo para sí mismo. Los acontecimientos sociales o las conversaciones intensas le agotaban, por lo que solía retirarse a su taller para reponer fuerzas. Claire, que mostraba un estilo de apego seguro, valoraba la cercanía emocional y al principio se había sentido herida por la necesidad de soledad de Tom, interpretándola como una señal de que no le importaba.

Una noche, tras un día especialmente largo lleno de reuniones familiares, Claire se sintió rechazada cuando Tom se escabulló tranquilamente a su taller. En lugar de enfrentarse a su frustración, le envió un mensaje de texto a : "Sé que hoy ha sido un día duro; tómate tu tiempo para relajarte. Estoy aquí si te apetece hablar más tarde".

A Tom le sorprendió su comprensión. Su mensaje le aseguró que respetaba su necesidad de espacio y, tras una hora a solas, volvió al salón y se sentó a su lado. "Gracias por entenderme antes", le dijo. "A veces necesito descomprimirme después de días como éste".

Claire y Tom buscaron la manera de superar sus diferencias. Claire empezó a reconocer las señales de que Tom necesitaba espacio y dejó de tomárselo como algo personal. Durante su a solas, ella se centró en sus aficiones, lo que le ayudó a mantener su sentido de la independencia. Tom, por su parte, empezó a iniciar pequeños momentos de conexión, como sentarse con Claire después de cenar y preguntarle por su día.

También introdujeron una "hora de conexión" semanal, en la que pasaban tiempo juntos sin interrupciones, compartiendo sus pensamientos o planeando actividades. Esta estructura predecible hizo que Claire se sintiera segura en su vínculo, al tiempo que proporcionaba a Tom el equilibrio necesario.

Al respetar la autonomía de Tom y celebrar sus momentos de vulnerabilidad, Claire fomentó una relación en la que ambos sentían valorados. Al sentirse seguro sabiendo que se respetaban sus límites, Tom se sintió más cómodo . Su dinámica se convirtió en una de comprensión mutua, en la que la independencia y la conexión coexistían armoniosamente.

Consejos prácticos para ayudar a una pareja evasiva

1. **Respete su necesidad de espacio**
   - Evita tomarte su independencia como algo personal. Su necesidad de soledad tiene que ver con la autorregulación, no con el rechazo.
2. **Fomentar la vulnerabilidad gradual**
   - Cree un entorno emocionalmente seguro en el que su pareja se sienta cómoda compartiendo. Celebra los pequeños pasos de apertura para reforzar su confianza.
3. **Establezca momentos de conexión predecibles**
   - Establezca un "tiempo de conexión" regular que equilibre su necesidad de autonomía con su necesidad de cercanía.
4. **Centrarse en sus acciones**
   - Las parejas evasivas suelen expresar su amor con acciones más que con palabras. Fíjate y aprecia sus muestras de cariño.
5. **Mantenga su independencia**
   - Persigue tus intereses y construye una vida satisfactoria fuera de la relación. Esto contribuye a tu bienestar emocional y reduce la presión sobre tu pareja.

Apoyar a una pareja evitativa consiste en equilibrar y respetar sus límites y alimentar tu conexión emocional. Puedes construir una relación de pareja que respete la autonomía y la cercanía abordando la relación con paciencia, empatía y adaptabilidad. Esta comprensión mutua crea una base de confianza y estabilidad, donde el amor prospera a su ritmo único.

Sanar a través de la conexión: Fomentar el crecimiento en el apego desorganizado

El apego desorganizado, a menudo mal entendido, combina las tendencias conflictivas de los estilos ansioso y evitativo, creando un torbellino de emociones en las relaciones. Las personas con este tipo de apego a menudo anhelan la cercanía y, al mismo tiempo, temen la vulnerabilidad, una dinámica de tira y afloja arraigada en experiencias pasadas en las que los cuidadores eran a la vez fuentes de consuelo y de miedo.

Estas pautas, marcadas por un doble miedo al rechazo y a la intimidad, pueden resultar abrumadoras para ambos miembros de la pareja. En un momento dado, puede surgir una conexión emocional intensa y, al siguiente, un retraimiento repentino que deja a la pareja sin saber qué esperar. Estos comportamientos no son intencionados, sino que tienen su origen en heridas emocionales no resueltas y miedos profundamente arraigados.

Superar estos retos requiere paciencia, empatía y el compromiso de fomentar la seguridad y la confianza. Al crear un entorno de estabilidad, los socios pueden ayudar a las personas desorganizadas a conciliar sus miedos, desarrollar su resiliencia emocional y establecer vínculos más saludables.

Paul y Jackie: Un viaje hacia la seguridad

El apego desorganizado de Jackie hacía que su relación con Paul pareciera un campo de minas emocional. Un día desahogaba, compartía su vulnerabilidad y buscaba consuelo. Al día siguiente, alejaba a Paul, cerrándose emocionalmente y evitando la conexión. A Paul le resultaba difícil entender esta dinámica de tira y afloja, y a menudo se sentía rechazado e inseguro sobre cómo apoyarla.

En lugar de retraerse, Paul optó por abordar el comportamiento de Jackie con empatía. Sugirió que reservaran un tiempo específico cada semana para hablar abiertamente, creando una rutina predecible. Al principio, Jackie dudaba, pues temía que estas conversaciones desembocaran en un conflicto. Pero, con el tiempo, la constancia de las conversaciones la ayudó a sentirse más segura. Empezó a confiar en que Paul no la juzgaría ni la abandonaría cuando le contara sus miedos.

Paul también aprendió a dar espacio a Jackie cuando lo necesitaba, interpretando sus momentos de retraimiento como autoprotección y no como rechazo. Le decía cosas como: "Estaré aquí estés lista", ofreciéndole seguridad sin presionarla. Este equilibrio de presencia y paciencia ayudó a Jackie a bajar sus defensas, lo que le permitió implicarse más profundamente en la relación.

Su compromiso con la comunicación abierta y la comprensión mutua transformó gradualmente su relación. Jackie se sintió más segura y empezó a reconocer sus patrones emocionales. Paul se sintió satisfecho al saber que sus esfuerzos estaban ayudando a Jackie a sanar, fortaleciendo su vínculo de una forma que ninguno de los dos había experimentado antes.

Cimentar el crecimiento y la confianza

Apoyar a una pareja con apego desorganizado requiere un esfuerzo deliberado y atención. He aquí algunas estrategias clave:

1. **Crear rutinas predecibles**
   - Establezca rituales constantes, como actividades compartidas o charlas semanales de confianza, para fomentar la sensación de estabilidad y reducir la incertidumbre emocional.

2. **Fomentar la comunicación abierta**
   - Crea un espacio seguro para que tu pareja exprese sus miedos y necesidades. Evita juzgarle y valida sus sentimientos, aunque no los entiendas del todo.
3. **Sea paciente y fiable**
   - Cumpla sus promesas y esté presente cuando sea necesario. Estas acciones ayudan a reforzar la confianza y la seguridad.
4. **Equilibrio entre conexión y espacio**
   - Respeta su necesidad de espacio sin tomártelo como algo personal. Ofréceles seguridad en los momentos de retraimiento y hazles saber que estarás ahí cuando estén preparados.
5. **Practicar el autocuidado**
   - Apoyar a una pareja con apego desorganizado puede ser emocionalmente agotador. Asegúrate de mantener tu bienestar y busca apoyo si lo necesitas.

Navegar por un apego desorganizado puede suponer un reto pero también ofrece profundas oportunidades de crecimiento y transformación. Si fomentas la confianza mediante acciones coherentes y una comunicación compasiva, puedes crear una relación que prospere gracias al entendimiento mutuo. Con el tiempo, incluso las dinámicas más complejas pueden evolucionar hacia un vínculo definido por la seguridad, el respeto y la conexión genuina.

Armonía en la comunicación: Construyendo puentes entre estilos de apego

Piense en un río: usted está en una orilla, ansioso por llegar a la otra, donde le espera su pareja. El puente que os une es la comunicación, que transporta la comprensión, las emociones y la empatía a través de la línea divisoria. Cuando interactúan diferentes estilos de apego, es esencial construir puentes de comunicación sólidos. Estos puentes proporcionan la estabilidad necesaria para superar las diferencias, fomentando la conexión incluso frente a los desafíos.

Sentar las bases de la conexión

Una comunicación sólida empieza por identificar puntos en común. Los valores, intereses y objetivos compartidos son los cimientos del puente. ¿Qué les hace disfrutar juntos? ¿Qué esperan ambos construir en su relación? Estos elementos compartidos crean una plataforma estable para el diálogo abierto, recordándoos el vínculo que os une, incluso cuando surgen diferencias.

A continuación, crea un marco de comunicación mutua. Piensa en ello como si fuera el plano de tu puente, que describe cómo manejarás los momentos emocionales y los conflictos. La flexibilidad es clave: al igual que un puente debe resistir condiciones meteorológicas variables, tu estilo de comunicación debe adaptarse a los distintos climas emocionales. Por ejemplo:

- Algunos interlocutores pueden preferir conversaciones directas y sin rodeos, mientras que otros responden mejor a tonos más suaves.

- Es posible que uno de los interlocutores necesite tiempo para reflexionar antes de responder, mientras que el otro prefiere un compromiso inmediato.

Adaptarse a estas diferencias fomenta el respeto mutuo y reduce los malentendidos.

Fomentar la resiliencia en la comunicación

Para crear un sólido puente de comunicación, practica estas estrategias:

1. **Escucha reflexiva**
   - Cuando tu interlocutor hable, repite lo que has oído para confirmar que lo has entendido. Esta validación demuestra estás escuchando de verdad y que valoras su punto de vista.
2. **Establecer espacios seguros**
   - Cree un entorno libre de juicios para mantener conversaciones abiertas. Programa reuniones periódicas para hablar de sentimientos, necesidades y preocupaciones sin distracciones.
3. **Adáptese al estilo de su pareja**
   - Adapta tu enfoque a las preferencias comunicativas de tu interlocutor. Por ejemplo, utiliza un tono más suave si es sensible a la confrontación, o dale tiempo para procesar antes de esperar una respuesta.
4. **Establecer señales de borrado**
   - Desarrollar señales sencillas para expresar las necesidades durante los momentos emocionales, como una frase o un gesto que indique un deseo de espacio o apoyo.

5. **Reforzar lo positivo**
   - Destaque lo que funciona bien en su comunicación. Reconocer los progresos fomenta la confianza y motiva a seguir creciendo.

Ejercicio de reflexión: Construir el puente de la comprensión

Fomentar la conexión entre estilos de apego creando un marco de comunicación compartido.

- **Paso 1: Identificar puntos en común**
  - Escribe tres valores, intereses u objetivos que compartas con tu pareja. Reflexiona sobre cómo estos elementos compartidos refuerzan vuestra conexión.
- **Paso 2: Observar las diferencias de comunicación**
  - Reflexiona sobre las diferencias entre tu estilo de comunicación y el de tu pareja. Escribe una o dos diferencias que suelan causar malentendidos.
- **Paso 3: Crear un plan de comunicación**
  - Colabora con tu pareja para establecer un plan sencillo para gestionar los momentos emocionales o los conflictos. Inclúyalo:
    - Cómo señalarás cuando necesites espacio o apoyo.
    - El tono o el enfoque que se sienta seguro para cada uno de ustedes.
- **Paso 4: Ponga a prueba su plan**
  - Escoge una conversación poco arriesgada para practicar tu nuevo enfoque comunicativo. Reflexiona después:
    - ¿Qué ha funcionado bien?
    - ¿Qué ajustes podrían hacerla más eficaz?

- **Paso 5: Celebrar los progresos**
    - Escribe algo que aprecies del esfuerzo de tu compañero por salvar las distancias durante la conversación.

La comunicación eficaz no consiste en eliminar las diferencias, sino en construir un puente que permita atravesarlas con empatía y comprensión. Practicando la adaptabilidad, la escucha reflexiva y el establecimiento de objetivos compartidos, se crea una asociación en la que ambas voces importan. Con paciencia e intencionalidad, incluso las mayores diferencias pueden convertirse en oportunidades de conexión y crecimiento.

Cimientos para el crecimiento: Crear un entorno propicio

En un entorno de apoyo, los miembros de la pareja se sienten libres para expresarse sin miedo a ser juzgados. Esta seguridad emocional fomenta una conexión más profunda, que permite a ambos individuos explorar su potencial al tiempo que enriquece la relación. Los momentos sencillos, como escuchar atentamente a la pareja después de un día duro u ofrecerle ánimos antes de un gran reto, cultivan esta sensación de seguridad.

Fomentar el crecimiento mediante la seguridad emocional

Reconocer los logros del otro es fundamental para una relación enriquecedora. Ya se trate de un hito importante o de un éxito menor, reconocer estos momentos fomenta la confianza y profundiza la conexión. Piense en un niño que aprende a montar en bicicleta: su insegura determinación se ve recompensada con ánimos y aplausos a medida que gana equilibrio. Este mismo sentimiento de orgullo y apoyo se traslada a la edad adulta, en la que celebrar los logros de su pareja puede aumentar su autoestima y reforzar su vínculo. Imagina el orgullo en los ojos de tu pareja cuando honras su duro trabajo o la felicidad compartida cuando celebras sus logros. Este aprecio recíproco genera un ciclo positivo que motiva a ambos a seguir esforzándose y evolucionando.

Liam y Linda: Apoyar el crecimiento mediante la resiliencia compartida

Liam y Linda siempre habían sido los mayores animadores el uno del otro, pero su relación se enfrentó a nuevos retos cuando Liam decidió volver a estudiar mientras trabajaba a tiempo completo. Linda, que a menudo luchaba contra la inseguridad en las relaciones, temía que la apretada agenda de Liam pudiera distanciarlos. Mientras tanto, Liam sentía la presión de equilibrar sus compromisos y temía defraudar a Linda.

En lugar de dejar que estos temores los dividieran, abordaron la situación como un equipo. Linda empezó a preguntar a Liam sobre sus clases y a escuchar sus preocupaciones sin ofrecerle consejos no solicitados. "Estoy muy orgullosa de que hayas dado este paso", le dijo una noche. "¿Qué puedo hacer para facilitarte las cosas?".

Liam, conmovido por el apoyo de Linda, se esforzó por dedicar tiempo a su relación, incluso durante sus semanas más ocupadas. Comenzaron una tradición dominical: pasear juntos por el parque, donde podían reconectar y compartir sus pensamientos. Liam también se esforzó por celebrar los éxitos de Linda, ya fuera un proyecto en el trabajo o un logro personal, reforzando la idea de que su crecimiento era un viaje compartido.

Este esfuerzo mutuo por apoyarse y celebrarse mutuamente convirtió un periodo potencialmente estresante en una oportunidad para crecer. Linda ganó confianza en su vínculo, y Liam se sintió reforzado por el estímulo inquebrantable de Linda. Juntos, crearon una asociación que prosperó, no a pesar de los desafíos, sino por la forma en que los afrontaron.

Estrategias para crear un entorno propicio

1. **Celebrar juntos los logros**
    - Acostúmbrese a reconocer las victorias del otro, ya sean grandes o pequeñas. Un simple "estoy orgulloso de ti" puede ayudar mucho a reforzar la confianza y la conexión.
2. **Proporcione comentarios constructivos con cuidado**
    - Ofrezca comentarios que animen en lugar de criticar. Enmarque las sugerencias de forma positiva, centrándose en el crecimiento más que en los defectos.
3. **Participar en actividades compartidas**
    - Encuentren aficiones o actividades que les gusten a los dos, como cocinar juntos o explorar nuevos lugares. Estas experiencias compartidas profundizarán vuestra conexión y crearán recuerdos duraderos.
4. **Revisar y alinear los objetivos periódicamente**
    - Reservar tiempo para hablar de sus aspiraciones personales y compartidas garantiza que ambos miembros de la pareja se sientan alineados y respaldados en su crecimiento individual y colectivo.

5. **Crear seguridad emocional**
   - Fomentar un entorno en el que se puedan compartir las emociones sin miedo a ser juzgados. Practica la escucha activa y valida los sentimientos de los demás para generar confianza y comprensión.

Ejercicio de reflexión: Plantar las semillas del crecimiento

Evalúe y mejore el apoyo y el crecimiento dentro de su relación.

1. **Paso 1: Reflexionar sobre los momentos de apoyo**
   - ¿Qué momentos de tu relación te han hecho sentir más apoyado y valorado? ¿Cómo puedes crear más momentos así?
2. **Paso 2: Fomentar el crecimiento mutuo**
   - ¿De qué manera fomenta tu pareja tu crecimiento personal? ¿Cómo haces lo mismo?
3. **Paso 3: Establecer objetivos comunes**
   - Identifiquen algunos objetivos comunes que les gustaría alcanzar como pareja. ¿Cómo pueden apoyarse para alcanzarlos?
4. **Paso 4: Ajustar y reforzar los límites**
   - Reflexiona sobre los límites o ajustes que podrían ayudar a crear una dinámica aún más solidaria. Escribe cómo comunicarás estas necesidades.

Utilízalo como punto de partida para una conversación con tu pareja sobre cómo alimentar el crecimiento y la resiliencia en vuestra relación.

Reflexiones finales

Un entorno de apoyo no es estáticoevoluciona a medida que ambos miembros de la pareja crecen y cambian. Si os apoyáis , celebráis los éxitos y afrontáis los retos como un equipo, cultivaréis una relación vibránte y duradera; construiréis unos cimientos en los que prosperarán tanto el amor como el crecimiento personal, preparándoos para afrontar las aventuras de la vida mano a mano.

DIEZ

El Arte De Llegar a Ser

DESARROLLO PERSONAL PARA LA VIDA

> *Lo importante no es lo que miras, sino lo que ves.*
>
> Henry David Thoreau

El desarrollo personal no consiste en llegar a un destino final. trata de crear un camino que crezca contigo. Es un compromiso para explorar tu mundo interior, fomentar la resiliencia y abrazar nuevas experiencias. Este capítulo te invita a avanzar con intención, alimentando los aspectos de tu vida que te aportan satisfacción y fortaleza. Cultivarás las habilidades necesarias para prosperar, no sólo sobrevivir, en tus relaciones y más allá.

Este capítulo explorará tres prácticas clave que sientan las bases para un crecimiento significativo: llevar un diario, la gratitud y las afirmaciones, y la autorreflexión permanente. Juntas, estas herramientas te permiten profundizar en tu autoconocimiento, enriquecer tu bienestar emocional y abordar la vida con curiosidad y mentalidad de crecimiento.

Diario: Un camino hacia el autodescubrimiento

Imagínate sentado frente a una página en blanco, un espacio donde tus pensamientos puedan fluir libremente, sin filtros ni juicios. Escribir un diario es algo más que escribir: es una puerta al autodescubrimiento, a la claridad emocional y al crecimiento personal. Te permite explorar tu mundo interior, expresar tus emociones y reflexionar sobre tus experiencias de un modo que te aporta comprensión y curación.

Las múltiples formas de escribir un diario

Llevar un diario puede adoptar diversas formas, cada una de ellas adaptada a necesidades y preferencias diferentes:

- **Corriente de conciencia:** Deja que tus pensamientos fluyan libremente por la página sin preocuparte por la estructura o la gramática. Este enfoque crudo y sin filtrar puede revelar patrones subconscientes y proporcionar información sobre tus emociones.
- **Orientaciones:** Para los que prefieren una estructura, las instrucciones pueden ayudar a dirigir sus reflexiones. Por ejemplo, preguntas como "¿Qué me ha hecho sentir más vivo hoy?" o "¿Qué lección he aprendido de un reto esta semana?".
- **Diario de gratitud:** Centrarse en los aspectos positivos de la vida puede mejorar el bienestar emocional. Anotar con regularidad las cosas por las que estás agradecido

fomenta una mentalidad de aprecio y alegría, incluso en los momentos difíciles.

Si experimentas con distintos métodos, podrás encontrar el estilo que mejor se adapte a ti, lo que hará que llevar un diario sea una práctica más eficaz y gratificante.

El diario como herramienta de reflexión y expresión

En esencia, llevar un diario es una actividad reflexiva y expresiva. Te permite hacer una pausa y examinar los acontecimientos de la vida, ayudándote a comprender tus reacciones y patrones de pensamiento. El diario te permite descubrir temas recurrentes en tus relaciones, emociones o comportamientos. Esta toma de conciencia se convierte en la base del cambio y pone de relieve las áreas de crecimiento y transformación.

Escribir un diario también sirve como salida creativa para expresar lo que las palabras a menudo no logran captar en las conversaciones. Tanto si escribes poesía, cartas a ti mismo o incluso dibujas junto a tus palabras, esta autoexpresión puede ser profundamente terapéutica. Es tu espacio para explorar libremente sin miedo a ser juzgado.

Aplicaciones prácticas para la vida cotidiana

Para integrar el diario en tu rutina, considera los siguientes enfoques:

- **Páginas matutinas:** Empieza el día escribiendo tres páginas a mano alzada, como una corriente de conciencia. Julia Cameron popularizó esta técnica en *El* *camino del artista*. Ayuda a despejar mente, a identificar emociones ocultas y a establecer un tono consciente para el día. Escribe lo que te venga a la mente sin juzgar ni preocuparte por la gramática. El objetivo no es producir un trabajo pulido, sino crear espacio para que afloren pensamientos y emociones auténticos.

- **Reflexiones diarias:** Dedica un tiempo al final de cada día para anotar tus altibajos. Reflexiona sobre lo que te ha alegrado, lo que te ha desafiado y lo que has aprendido.
- **Fijación de objetivos:** Utiliza un diario para articular tus aspiraciones y trazar los pasos necesarios para . Revisa estos objetivos periódicamente, haz un seguimiento de tus progresos y celebra los hitos.
- **Visión de futuro:** Piensa dónde te gustaría estar dentro un año o cinco. Escribe sobre tu día ideal y cómo puedes trabajar para hacerlo realidad.

Elemento interactivo: Diario para crecer

Aquí tienes algunas sugerencias para inspirar tu viaje diario:

- **Reflexión:** "¿Cuál es un reto que he superado recientemente y qué he aprendido de él?".
- **Exploración emocional:** "¿Qué emociones han estado más presentes en mi vida últimamente y por qué?".
- **Agradecimiento:** "¿De qué tres cosas estoy agradecido hoy, y cómo aportan alegría o paz a mi vida?".
- **Fijación de objetivos:** "¿Cuál es un área de mi vida que me mejorar, y qué pequeños pasos puedo dar para empezar?".

Al incorporar la escritura de un diario a tu rutina diaria o semanal, creas un hábito poderoso que apoya tu viaje de autodescubrimiento y desarrollo personal. Cada entrada es un paso hacia un conocimiento más profundo de ti mismo y hacia la construcción de una vida que refleje tus verdaderos valores y aspiraciones.

Gratitud y afirmaciones: Prácticas diarias para el bienestar emocional

Contempla la posibilidad de despertarte y sentirte agradecido, no por algo grandioso, sino por la calidez de la luz del sol que entra en tu habitación o por el sueño reparador que acabas de tener. La gratitud es una práctica poderosa que desplaza tu atención de lo que falta a lo que está presente, y te asienta en la abundancia y el bienestar. No es sólo un sentimiento pasajero, sino un hábito que puede transformar tu forma de percibir el mundo e interactuar con él. Cuando se combina con afirmaciones, la gratitud se convierte en la piedra angular de la resiliencia emocional y la confianza en uno mismo.

La gratitud: Una mentalidad de abundancia

En el fondo, la gratitud es una cuestión de perspectiva. Le ayuda a reconocer el valor de su vida, desde las comodidades más insignificantes hasta las alegrías más profundas. Las investigaciones han demostrado que practicar la gratitud puede reducir el estrés, mejorar la salud mental y aumentar el bienestar físico. Cuando te centras en lo que tienes en lugar de en lo que te falta, cultivas un sentimiento de satisfacción que amortigua los retos de la vida.

Elemento interactivo: Practicar la gratitud para crecer

Reconoce los progresos has hecho y expresa tu gratitud por el camino recorrido.

- **Práctica diaria de la gratitud**
  - Cada noche, escribe tres cosas por las que te sientas agradecido ese día. Concéntrate en las pequeñas victorias o en los momentos de progreso.
- **Reflexión sobre el crecimiento**
  - Al final de cada semana, reflexiona sobre un área en la que hayas notado crecimiento personal. ¿Cómo ha influido en tu mentalidad o en tus relaciones?
- **Carta de gratitud a uno mismo**
  - Escribe una carta a tu yo del pasado, reconociendo lo lejos que has llegado y expresando tu gratitud por la resistencia y el esfuerzo que te ha costado llegar hasta aquí.

Para hacer de la gratitud un hábito diario, considera la posibilidad de empezar un diario de gratitud. Cada día, anota tres cosas por las que te sientas agradecido. Puede ser cualquier cosa: una conversación significativa, el sabor de tu café matutino o el tiempo que pasas con tus amigos íntimos. Con el tiempo, esta práctica entrena a tu cerebro para que se fije en lo positivo y lo aprecie, y reconfigura tu mentalidad para que se centre en la abundancia.

Afirmaciones: Reescribiendo la narrativa interior

Las afirmaciones son afirmaciones sencillas y positivas que contrarrestan el discurso negativo. Te recuerdan suavemente tu valía y tu potencial, y te ayudan a construir un diálogo interior más compasivo. Al principio, las afirmaciones pueden resultar incómodas, como hablar un idioma que aún no entiendes. Pero, con la práctica, se convierten en una poderosa herramienta para cambiar de perspectiva y fomentar la autoaceptación.

Elemento interactivo: Afirmaciones para la armonía interior

La clave está en elaborar afirmaciones eficaces. Deben ser personales, específicas y basadas en la verdad. En lugar de decir: "Soy feliz", prueba con: "Puedo encontrar la alegría en los pequeños momentos". Repítelas a diario frente al espejo, durante la meditación o como parte de tu diario.

- Aporto valor al mundo simplemente por ser yo.
- Me acepto completa e incondicionalmente.
- Merezco amor y respeto.
- Confío en mis capacidades y talentos.
- Mi valía no la determinan mis logros.
- Soy digno de la felicidad y el éxito.

Reforzando constantemente estas afirmaciones, se sustituyen las dudas por la confianza en uno mismo, creando una base para la resiliencia emocional.

Construir la práctica: Rituales diarios de gratitud y afirmaciones

Incorporar la gratitud y las afirmaciones a tu rutina diaria no tiene por qué llevarte mucho tiempo. Aquí tienes algunas formas sencillas de convertir estas prácticas en una parte natural de tu día a día:

- **Rituales matutinos:** Empieza el día escribiendo una lista de agradecimientos y repitiendo tres afirmaciones. Esto establece un tono positivo y te ayuda a afrontar el día con claridad y optimismo.
- **Paseos de gratitud:** Mientras paseas, haz una lista mental de las cosas que agradeces de tu entorno. Esto combina los efectos enraizantes de la gratitud con el poder calmante del movimiento.
- **Tarjetas de afirmaciones:** Escribe tus afirmaciones favoritas en fichas y colócalas donde las veas: en el espejo, en el escritorio o incluso en el coche. Estos recordatorios refuerzan la positividad a lo largo del día.
- **Gratitud en las comidas:** Antes de comer, agradece la comida, el esfuerzo que ha costado prepararla y el alimento que te proporciona.

El poder de la gratitud y las afirmaciones

Practicar la gratitud y las afirmaciones no significa ignorar las dificultades de la vida, sino que te dota de una mentalidad que reconoce los retos y las bendiciones. Estas prácticas te recuerdan que la alegría puede coexistir con la lucha y que la autoestima no está condicionada. Al cultivar la gratitud y las afirmaciones, construyes una base emocional resistente que te permite navegar por los altibajos de la vida con gracia y optimismo.

El poder de la autorreflexión: Cultivar el crecimiento permanente

Imagínate mirándote en un espejo, no sólo para ver tu reflejo, sino para comprender realmente a la persona que te mira. La autorreflexión es como pulir ese espejo, revelando patrones, puntos fuertes y áreas de crecimiento con claridad y compasión. Esta práctica te invita a hacer una pausa, examinar tus elecciones y relaciones y considerar cómo se alinean con tus valores y objetivos. La autorreflexión no consiste en rememorar el pasado, sino en aprender de él para construir un futuro más satisfactorio. Es la piedra angular del desarrollo personal, ya que ofrece perspectivas que te hacen más adaptable, más intencionado y más preparado para afrontar los retos con gracia.

Incorporar la autorreflexión a la vida cotidiana

Hacer de la autorreflexión un hábito no requiere horas de introspección: unos pocos momentos de reflexión intencionada pueden producir resultados profundos. Empieza por dedicar un tiempo cada día a considerar tus experiencias. Pregúntate: "¿Qué ha ido bien hoy? ¿Qué no, y por qué?". Utiliza estas preguntas para identificar patrones en tus emociones y comportamiento.

Participar en conversaciones reflexivas también puede aportar ideas valiosas. Comparte tus ideas con un amigo o mentor de confianza que pueda ofrecerte una perspectiva externa. A menudo, escuchar las experiencias reformuladas por otra persona puede iluminar puntos ciegos o inspirar nuevos enfoques. Estas conversaciones pueden servir como recordatorio de que la autorreflexión no es una tarea solitaria, sino una forma de conectar con otras personas que apoyan tu crecimiento.

Abrazar el aprendizaje permanente

La autorreflexión conduce de forma natural al aprendizaje permanente: un compromiso con la curiosidad y la apertura a nuevas experiencias. Cuando reflexionas sobre lo que has aprendido de ti mismo, abres la puerta al crecimiento. El aprendizaje permanente mantiene tu mente activa, tu perspectiva amplia y tu vida vibrante. Ya sea adquiriendo una nueva habilidad, explorando una afición o buscando recursos de desarrollo personal, el acto de aprender fomenta la resiliencia y la satisfacción.

Piensa en cómo la autorreflexión puede servir de puente entre lo que eres ahora y lo que quieres llegar a ser. Cada conocimiento adquirido es un peldaño hacia los objetivos que se alinean con tu auténtico yo. Cuando adoptes esta mentalidad, encontrarás oportunidades de crecimiento en cada experiencia, desde las más mundanas hasta las más extraordinarias.

Ejercicio de reflexión: Ejercicio de autorreflexión

Inicie su viaje de desarrollo personal con una reflexión estructurada.

- **Paso 1: Identificar los puntos fuertes y las áreas de crecimiento**
    - Escribe tres puntos fuertes que te hagan sentir orgulloso. ¿Por qué son importantes para ti?
    - Identifica dos áreas en las que te gustaría crecer. ¿Qué te frena actualmente?

- **Paso 2: Fijar objetivos reflexivos**
  - Escribe una medida que puedas tomar esta semana para aprovechar un punto fuerte.
  - Elija un pequeño cambio para abordar un área de crecimiento y describa cómo lo aplicará.
- **Paso 3: Hábito de reflexión diaria**
  - Al final de cada día, anota una cosa que hayas aprendido sobre ti mismo o sobre el mundo que te . Con el tiempo, estas reflexiones formarán un diario de crecimiento personal.

Al practicar regularmente la autorreflexión, te equipas para navegar por la vida con claridad, intención y propósito. Los conocimientos que adquieres se convierten en herramientas de crecimiento que te ayudan a adaptarte al cambio y a aceptar los retos como oportunidades. La autorreflexión y el aprendizaje permanente crean un marco sólido para el desarrollo continuo, enriqueciendo tu vida y la de los que rodean.

Reflexiones finales: Un viaje de crecimiento que dura toda la vida

El desarrollo personal es un viaje continuo, un tapiz vibrante y evolutivo tejido a través de momentos de autodescubrimiento, gratitud y reflexión. Cada práctica explorada en este capítulo es una herramienta que te permite crecer y prosperar en tus relaciones y en ti mismo.

A medida que vayas integrando estas prácticas en tu vida diaria, recuerda que el progreso se construye paso a paso. Celebra tu crecimiento, por pequeño que sea, y acepta las lecciones del camino. Con cada página que escribas, cada momento de gratitud y cada nueva habilidad que domines, crearás una historia más rica y satisfactoria.

Este capítulo no es sólo una exploración de herramientas, es una invitación a mirar dentro de ti, celebrar tu viaje y seguir evolucionando con intención y compasión. Que éste sea el comienzo de un compromiso de por vida para convertirte en la mejor versión de ti mismo, día a día y descubrimiento a descubrimiento.

Compartir su viaje, inspirar a otros

Su viaje hacia la comprensión y la curación del apego ansioso valiente. Al terminar este libro, habrás dado pasos significativos hacia el fomento de relaciones seguras y duraderas y el desarrollo de la resiliencia emocional.

Ahora, puedes capacitar a otra persona para que haga lo mismo.

Si compartes tu opinión sincera sobre este libro en Amazon, ya sea sobre un ejercicio favorito, una nueva idea o cómo ha influido en tus relaciones, ayudarás a otros a ver que la transformación es posible.

Conclusión

> *Todo nuevo comienzo proviene del final de otro comienzo.*
>
> Séneca

Al concluir este viaje, tómese un momento para reflexionar sobre sus andanzas. Este libro comenzó con una pregunta fundamental pero profunda: ¿Por qué ciertas relaciones proporcionan una presencia estable y nutritiva mientras que otras evocan ansiedad y miedo? Examinando los matices de la teoría del apego, hemos investigado los orígenes del apego ansioso y sus efectos en tus relaciones.

Hemos hecho hincapié en la importancia de comprender su estilo de apego. Has descubierto cómo estos patrones pueden influir en tus interacciones y has explorado poderosas técnicas de regulación emocional que calman la mente ansiosa y construyen resiliencia emocional. A través de la atención plena, los ejercicios de respiración y la autocompasión, te has equipado con herramientas esenciales para capear las tormentas emocionales con elegancia.

Una de las claves de este viaje es darse cuenta de que la transformación personal es posible y está a tu alcance. Al reconocer los patrones de apego ansioso, has dado el primer paso para liberarte del ciclo del miedo y la dependencia. Construir la autoestima, practicar la comunicación eficaz y establecer límites saludables son vitales para esta transformación. Estas habilidades te capacitan para crear vínculos seguros y conexiones significativas, fomentando un sentido de confianza e intimidad que puede resistir los retos de la vida.

El crecimiento es un viaje continuo, no un destino fijo, y te animo a que adoptes la superación personal permanente. Fomenta una mentalidad de curiosidad y apertura. Busca oportunidades para aprender, adaptarte y crecer. Adopta prácticas que favorezcan tu salud emocional y mental. Los diarios, la gratitud y las afirmaciones pueden ser tus aliados en este empeño, ayudándote a mantener la concentración y la resistencia.

Recuerda que no estás solo en este camino. Puedes encontrar apoyo y ánimo si te pones en contacto con otras personas. Comparte tus experiencias y escucha las suyas. Esto puede crear una red de comprensión y empatía que refuerce tu determinación.

Quiero expresar mi gratitud por haberme permitido formar parte de tu viaje. Tu valentía para afrontar los miedos y abrazar el cambio es notable, y ha sido un honor acompañarte en este camino . Recuerda siempre que mereces amor y conexión. Tienes el poder de transformar tus relaciones, mejorar tu autoestima y forjar vínculos significativos y duraderos.

Para terminar, permítanme recordarles que la esperanza y el empoderamiento están siempre a su alcance. Cada paso que das hacia la curación y el crecimiento demuestra tu fuerza y resistencia. Afronta el futuro con confianza y compasión, tanto para ti como para los demás. Sepa que posee las herramientas y la perspicacia necesarias para navegar por las complejidades de las relaciones con gracia y comprensión.

Tenga en cuenta que su viaje no termina aquí. El cuaderno de ejercicios extra está diseñado para ayudarte a poner en práctica estas ideas. Sumérgete en ejercicios interactivos e indicaciones guiadas para profundizar en tu transformación.

Herramientas y recursos para su viaje de curación

Cuestionarios sobre el estilo de apego

1. **Test de apego de la Escuela de Desarrollo Personal:** Un test basado en la investigación para determinar tu estilo de apego y comprender su impacto en las relaciones. https://attachment.personaldevelopmentschool.com/—**Free.**
2. **Cuestionario del Proyecto Apego:** Ofrece un análisis en profundidad de los estilos de apego con recursos de seguimiento para. https://www.attachmentproject.com/attachment-style-quiz/—**Free.**
3. **Cuestionario de diseño de investigación web:** Un cuestionario interactivo sobre el apego, respaldado por la psicología, para aclarar la dinámica relacional. https://www.web-research-design.net/cgi-bin/crq/crq.pl—**Gratis.**
4. **Cuestionario de apego de Simply Psychology:** Una herramienta simplificada para evaluar rápidamente su estilo de apego. https://www.simplypsychology.org/attachment-style-quiz.html-Gratuit—**Gratis.**

Sitios web sobre el apego ansioso y temas relacionados

1. **Proyecto Apego:** Investigación, blogs y herramientas a medida para entender los estilos de apego. https://www.attachmentproject.com/blog/anxious-attachment/—Gratis.
2. **Simplemente Psicología:** Explicaciones en profundidad de la teoría del apego y su relevancia en las relaciones de pareja. https://www.simplypsychology.org/—Gratis.
3. **BetterHelp:** Recursos de terapia en línea, incluidos artículos relacionados con el apego y apoyo profesional. https://www.betterhelp.com—**Free & Paid Options.**
4. **Instituto Gottman:** Conocido por sus consejos sobre relaciones basados en décadas de investigación, incluidas estrategias de apego y atención plena. https://www.gottman.com—**Free.**
5. **Colectivo Anchor Light Therapy:** Se centra en equilibrar los estilos de apego en las relaciones con ideas prácticas. https://anchorlighttherapy.com/attachment-styles/—**Free.**

Ejercicios y técnicas de conexión a tierra, respiración y autorreflexión

1. **Técnicas de conexión a tierra de Healthline**: Una lista completa de estrategias de conexión a tierra para controlar el estrés y ansiedad. https://www.healthline.com/health/grounding-techniques#soothing-techniques—**Free.**

2. **Verywell Health: Ejercicios de respiración:** Técnicas sencillas y guiadas para controlar la ansiedad y regular las emociones. https://www.verywellhealth.com/breathing-exercises-for-anxiety-5088091—**Free.**
3. **Sí Coach Lisa: Preguntas de reflexión:** Preguntas de autorreflexión para el crecimiento personal. https://www.yescoachlisa.com/blog/questions-for-self-reflection/—**Free.**
4. **Aplicación Tapping Solution:** Guiada EFT (Emotional Freedom Technique) sesiones para el alivio del estrés y la curación emocional. https://www.thetappingsolutionapp.com—**Free & Opciones de pago.**
5. **Aplicación Headspace:** Mindfulness, meditación y respiración adaptados al estrés y la regulación emocional. https://www.headspace.com—**Free Trial/Paid.**

Imaginería y meditaciones guiadas

1. **Fundación HealingWorks: Guided Imagery for PTSD and Trauma:** Ejercicios en audio diseñados para reducir el estrés y favorecer la curación. https://healingworksfoundation.org/guided-imagery/guided-imagery-for-posttraumatic-stress-healing-trauma/—**Gratis.**
2. **Meditación Headspace Body Scan:** Un escáner corporal de 3 minutos para principiantes que alivia la tensión y fomenta la conciencia. https://www.headspace.com/meditation/body-scan—**Prueba gratuita/Pago.**

3. **YouTube: PTSD h Trauma Healing Meditation:** Una lista de reproducción de meditación guiada diseñada para la recuperación del trauma. https://www.youtube.com/playlist?list=PLA0D8CF757DA269FA—Gratis.
4. **Aplicación Calm:** Incluye imágenes guiadas, meditaciones y paisajes sonoros para promover la relajación y la curación emocional. https://www.calm.com—**Prueba gratuita/Pago.**
5. **Insight Timer**: aplicación gratuita que ofrece meditaciones, imágenes guiadas y sesiones de atención plena sensibles a los traumas. https://www.insighttimer.com—**Gratis.**

Libros de lectura complementaria

1. ***Ejercicios somáticos para la regulación del sistema nervioso* por Luna Light:** Ofrece técnicas para reducir la ansiedad y tonificar el nervio vago en sólo 10 minutos al día. https://www.amazon.com/Somatic-Exercises-Nervous-System-Regulation-ebook/dp/B0CWTHBKB7.
2. ***The Body Keeps the Score (El cuerpo lleva la cuenta)*, de Bessel van der Kolk:** Un libro fundamental sobre cómo se almacena el trauma en el cuerpo y las vías de curación. https://www.amazon.com/Body-Keeps-Score-Healing-Trauma/dp/0143127748.
3. ***Attached*, de Amir Levine y Rachel Heller:** A practical guide to understanding attachment styles in relationships. https://www.amazon.com/Attached-Science-Adult-Attachment-YouFind/dp/1585429139.

4. ***Autocompasión: The Proven Power of Being Kind to Yourself* por Kristin Neff:** Un poderoso recurso para desarrollar la autocompasión y la resiliencia. https://www.amazon.com/Self-Compassion-Proven-Power-Being-Yourself/dp/0061733512.
5. ***El Secreto* de Rhonda Byrne:** Un libro superventas sobre la gratitud https://www.amazon.com/Secret-Rhonda-Byrne/dp/1582701709.

Música para relajarse y meditar

1. **YouTube: Música curativa para la relajación:** Una lista de reproducción de música relajante diseñada para reducir la ansiedad y fomentar la atención plena. https://www.youtube.com/watch?v=sZYjWSihkqI—**Free.**
2. **Spotify: Listas de reproducción para la calma:** Listas de reproducción de música para aliviar el estrés, relajarse y meditar. https://www.spotify.com—**Free h De pago.**
3. **Aplicación Calm: Música para la atención plena**: Paisajes sonoros especialmente seleccionados para la meditación guiada y la relajación. https://www.calm.com —**Free Trial/Paid.**

Nota final

Estos recursos ofrecen una gran cantidad de herramientas, orientación y apoyo para profundizar en su viaje de sanación. Tanto si exploras las meditaciones guiadas como si descubres nuevas técnicas terapéuticas o encuentras consuelo en los libros, cada paso que des te acercará a un yo más enraizado, seguro y alegre.

Explora a tu propio ritmo y recuerda que la curación es un viaje, no un destino.

¿Te ha encantado este libro?

DESCUBRA MÁS

Descubra otra lectura transformadora del autor, ya disponible en Amazon. Solo tienes que escanear el código QR para explorarla.

Referencias

Allen, D. S. (2022, 28 de noviembre). *7 técnicas sencillas de conexión a tierra para calmarse rápidamente.* Consejería de la Dra. Sarah Allen. https://drsarahallen.com/7-ways-to-calm/

Equipo del proyecto Attachment. (2022, 30 de noviembre). *La hormona del amor: La oxitocina y el apego.* The Attachment Project. https://www.attachmentproject.com/blog/oxytocin-and-attachment/

Equipo editorial de BetterHelp. (2024, 16 de octubre). *La importancia de poner límites por su salud mental y su seguridad.* BetterHelp. https://www.betterhelp.com

Buchheim, A., Heinrichs, M., George, C., Pokorny, D., Koops, E., Henningsen, P., O'Connor, M.-F., & Gündel, H. (2009). *Oxytocin enhances the experience of attachment security.* Psychoneuroendocrinology, 34(9),14171422. https://doi.org/10.1016/j.psyneuen.2009.04.002

Choi, E. J., Taylor, M. J., Hong, S.-B., Kim, C., & Yi, S.-H. (2018). *Los correlatos neurales de la seguridad del apego en niños con desarrollo típico. Brain and Cognition,* 124, 47-56. https://doi.org/10.1016/j.bandc.2018.04.003

Cisler, J. M., & Olatunji, B. O. (2012). Regulación de las emociones y trastornos de ansiedad. *Current Psychiatry Reports,* 14(3), 182-187. https://doi.org/10.1007/s11920-012-0262-2

Imaginería guiada para el estrés postraumático: La curación del trauma. (sin fecha). *Fundación Healing Works.* https://healingworksfoundation.org/guided-imagery/guided-imagery-for-posttraumatic-stress-healing-trauma/

Harlow, H. F., Dodsworth, R. O., & Harlow, M. K. (1965). *Aislamiento social total en monos.* Actas de la Academia Nacional de Ciencias de los Estados Unidos de América. https://www.ncbi.nlm.nih.gov/pmc/articles/PMC285801/pdf/pnas00159-0105.pdf

Kaczkurkin, A. N., y Foa, E. B. (2015). Terapia cognitivo-conductual para los trastornos de ansiedad: Una actualización de la evidencia empírica. *Dialogues in Clinical Neuroscience,* 17(3), 337-346. https://www.ncbi.nlm.nih.gov/pmc/articles/PMC4610618/

Kelly, M. (2024, 3 de mayo). *10 ejercicios de respiración fáciles para la ansiedad.* Verywell Health. https://www.verywellhealth.com/breathing-exercises-for-anxiety-5088091

McGarvie, S. (2024, 28 de noviembre). *Teoría* del apego, *etapas de Bowlby y estilos de apego. Psicología positiva.* https://positivepsychology.com/attachment-theory/

Neff, Dr. K. (s.f.). *Prácticas de autocompasión.* Autocompasión. https://self-compassion.org/self-compassion-practices/

Presutti, L. (2023, 9 de octubre). *12 ejercicios de confianza probados para reparar relaciones de todo tipo.* Psicología River Oaks. https://riveroakspsychology.com/12-proven-trust-building-exercises-to-repair-relationships-of-all-types/

Robinson, L., Segal, J., & Jaffe, J. (2019, 1 de julio). *Estilos de* apego *y cómo afectan relaciones adultas.* HelpGuide.Org. https://www.helpguide.org/relationships/social-connection/attachment-and-adult-relationships

Sanger, G. F. (2020, 17 de febrero). Cómo usar la atención plena para fortalecer tus relaciones. *The Gottman Institute.* https://www.gottman.com/blog/how-to-use-mindfulness-to-strengthen-your-relationships/

Suomi, S. J., & Leroy, H. A. (1982). In memoriam: Harry F. Harlow (1905-1981). *American Journal of Primatology*, 2(4), 319-342. https://doi.org/10.1002/ajp.1350020402

Sutton, J. (2022, 8 de octubre). *Trabajo con el niño interior: más de 15 herramientas prácticas.* PositivePsychology. https://positivepsychology.com/inner-child-healing/

Tavris, C. A. (2014). La enseñanza de los clásicos polémicos. APS Observer, 27. https://www.psychologicalscience.org/observer/teaching-contentious-classics

Centro Bronfenbrenner de Investigación Traslacional. (2023, 21 de noviembre). *Dar las gracias: Cómo la gratitud fortalece las relaciones.* Psychology Today. https://www.psychologytoday.com/us/blog/evidence-based-living/202311/giving-thanks-how-gratitude-strengthens-relationships

Waters, E., Merrick, S., Treboux, D., Crowell, J., & Albersheim, L. (2000).Attachment security in infancy and early adulthood: A twenty-year longitudinal study. Child Development, 71(3), 684-689. https://doi.org/10.1111/1467-8624.00176

Colaboradores de Wikipedia. (2024). Mindfulness. En Wikipedia. https://en.wikipedia.org/w/index.php?title=Mindfulness&oldid=1267792528

Wright, K. W. (2024, 8 de mayo). Diario de salud mental: Los beneficios de escribir para el bienestar. Day One | Your Journal for Life. https://dayoneapp.com/blog/mental-health-journaling/

www.ingramcontent.com/pod-product-compliance
Lightning Source LLC
La Vergne TN
LVHW050849051026
849532LV00006BA/2167
* 9 7 9 8 3 4 9 3 1 7 6 4 4 *